解讀龍樹菩薩《中論》27道題

中觀

NĀGĀRJUNA'S MIDDLE WAY :
Mūlamadhyamakakārikā

桂紹隆〔Shōryū Katsura〕 馬克·西德里茨〔Mark Siderits〕— **編撰**

方怡蓉 — **譯**

---

[1] 《中論》又譯為《中觀論》、《中論頌》、《中觀根本論》，是印度佛教論師龍樹
菩薩重要的著作之一，為中觀派的根本論書之一。

序言

　　我們的合作肇始於 1999 年日本宮島的一間小屋中，當時我們兩人皆已分別埋首《中論》（*Mūlamadhyamakakārikā*）[1] 數年，各自完成這部論書大部分的試譯，整合彼此資源似乎是順理成章之舉。不過，對於完成這項計畫需要花費多少時日，那時的我們無疑地過於樂觀。如今我們都認為從這次共同合作完成的龐大翻譯計畫中獲益良多，也希望讀者贊同我們的判斷。

　　我們的這項翻譯計畫承蒙許多個人與機構的襄助。馬克・西德里茨（Mark Siderits）獲得 BK 基金會（BK Foundation）豐厚的研究資助，得力甚多；來自佛教傳道協會（Numata Foundation）的研究資助，也促成西德里茨 2006 年在京都的短期參訪。桂紹隆（Shōryū Katsura）希望對日本學術振興會（Japan Society for the Promotion of Science）致上謝忱，感謝這個機構提供「科學研究補助金」（Grant-in-Aid for Scientific Research），資助桂紹隆 2011 年前往韓國參訪，以及 2012 年西德里茨在京都的短期停留。

　　我們感謝保羅・哈里森（Paul Harrison）對初步試譯稿的評論，並且敦促我們考慮將這份譯作交由智慧出版社（Wisdom Publications）刊行；感謝葛雷姆・普里斯特（Graham Priest）對後期試譯稿提出的金玉之言；大衛・齊托史卓姆（David Kittelstrom）是能力卓越的編輯，我們萬分感激他明智的建言與鼓勵。此外，對於梅根・安德森（Megan Anderson）嚴謹的校對，羅拉・康寧漢（Laura Cunningham）在此書印製過程中展現的指導能力，以及智慧出版社其他所有工作人員為此書問世提供的協助，我們在此一併致謝。

導論

　　龍樹菩薩（Nāgārjuna，約西元 150 年）的《中論》（*Mūlamadh-yamakakārikā*；MMK），是印度佛教中觀學派（Madhyamaka school）的根本典籍，內含二十七章，全由偈頌組成（譯按：本書依據原書之英譯頌文，以白話文譯出）。龍樹試圖在此書中確立中觀要旨：一切事物皆是「空」（梵 śūnya）的，也就是缺乏自性（梵 svabhāva）。「諸法皆空」這個主張，最早出現在總稱為「般若波羅蜜多經」（Prajñāparamitā）的初期大乘經典的佛教傳承中，而般若經系大約始於西元前一世紀。此前的佛教思想是基於一個比較特定的主張——「人空無自性」，也就是沒有獨立存在且恆存的自我，「人」是概念的建構；體悟「人空」被視為解脫輪迴的關鍵。最早出現的大乘經典大幅超越這個主張，斷言不只是「人」（還有諸蘊聚合的實體，例如車輛），一切皆空無自性。不過，雖然這些大乘經典主張「諸法皆空」，卻沒有為此辯護。龍樹《中論》的任務，就是為這項主張提供哲學上的辯護。

《中論》與四部論注

　　《中論》和其他相同性質的文本一樣，往往以極為精簡的形式呈現論證，也因此不依賴注釋便很難理解，這是此類文本的特質和著述目的所致。所謂「論頌」（梵 kārikā），是一種偈頌體的著作，言簡意賅地闡述某項學說（通常是哲學義理），換句話說，「論頌」是由偈頌組成的作品。運用這種形式的著作，原本是因為以偈頌體

呈現，比較容易將內容牢記在心。每個偈頌的結構是四個音步（分別以 a, b, c, d 指稱），每個音步有八音節，這種偈頌造成的規律節奏就成為記誦的一大輔助。但另一方面，由於偈頌體的限制，以致很難清楚闡述且充分辯解複雜的哲學論點。然而，這種文類的作品並非以此為著述目的，而是期望弟子能牢記這些偈頌，並且在師父面前背誦，以示對內容的嫻熟，然後逐頌聽聞師父對內容的詳盡解說。日久歲深，各個師父所作的解說最終被人以散文體記錄成書。原先的偈頌加上注釋，這兩者合併正是為了詳盡闡述與辯護作為議論焦點的哲學論題。牢記偈頌讓弟子有必備的綱要，以便鉅細靡遺地記住注釋中詳述的思辨系統。

據我們目前所知，《中論》在印度的注釋書共有四部：（一）《無畏論》（*Akutobhayā*，作者不詳）；（二）佛護（Buddhapālita）所作的《中論注》（*Madhyamakavṛtti*。以下簡稱《佛護注》）；（三）清辨（Bhāviveka）的《般若燈論》（*Prajñāpradīpa*。以下簡稱《燈論》）；（四）月稱（Candrakīrti）的《淨明句論》（*Prasannapadā*。以下簡稱《明句論》）。這些注釋書對於每一頌的詮釋並非完全一致，其中有些注釋書會針對特定論點提出較詳細的解說。但這四部注釋書對於偈頌的論證，以及每一章破斥哪些特定的觀點，還有其他諸如此類的事項，大體上是吻合的。若是沒有這些資料，任何人都可以天馬行空地解讀這些偈頌，提出各種不同的詮釋。當然，我們無法確定傳統印度的注釋書中哪一部忠實地反映出龍樹的本意，但如果我們自詡比這些注釋者更了解龍樹，那就未免太自以為是了。

本書譯本以注釋書為依據

我們的《中論》譯本即以這些注釋書為依據，而且不僅限於梵

文模稜兩可時英文譯詞的抉擇問題，許多偈頌的英譯內含一些補充資料，置於方弧中，那是原來梵文偈頌沒有出現的字詞，但是如果不添加這些字詞，根本無法解讀偈頌。方弧資料的補充，是因為注釋書有指明偈頌省略的部分。顧及前述韻文格式造成的限制，偈頌本身有這種省略是可以理解的，需要附帶說明的是，我們已經盡量減少以方弧補充譯文的情形。換句話說，在「偈頌本身」的內容詮釋上，我們一直採取相當開放的態度。若從上下文可明顯看出梵文偈頌有哪個字詞為求精簡而被省略，我們就直接添加相對應的英文譯詞，而不加方弧。不過，如果有讀者想核對我們的英譯是否忠於梵文原文，或許可以查閱這個譯本稍早發表於《印度與西藏研究期刊》（*The Journal of Indian and Tibetan Studies*）的版本，該文在方弧的使用上，更符合嚴謹的學術風格。

我們並未翻譯任何注釋書，而是根據上述四部《中論》注釋的經典之作，針對英譯的偈頌，逐一提出我們自己的注釋。我們盡可能地減少主觀詮釋，在解說時，絕大部分是根據至少一位注釋者所言，少有踰越之詞。我們希望一旦適當地闡述偈頌背後更大的脈絡，論證本身就能得以自行發言。對於龍樹的整體立場，以及他原本打算讓論證發揮何種作用，每個人都有各自偏好的觀點，但我們一直盡量避免讓這個譯本成為鼓吹這些個人觀點的工具。

《中論》的每一章皆針對一個特定教義或概念加以觀察，這些教義或概念通常是某個佛教論敵的主張。從目前所用的文本看來，並沒有明確的線索足以判定龍樹是否訂定每一章的章題，而且即使他的確為各章下標題，當初的章題是什麼，我們也不得而知。大體而言，我們沿用月稱注釋書中的章題，但有些章節採用其他注釋書的章題，因為我們認為如此一來更能彰顯其中的內容。

《中論》論敵所持的見解

現在，針對龍樹造論的目的和策略作一些整體介紹，應該不致太過突兀。龍樹《中論》的對談者是佛教內部人士（另一部公認為龍樹著作的《迴諍論》〔*Vigrahavyāvartanī*〕，其主要談話對象也包括非佛教的正理派〔Nyāya school〕）。特別重要的一點是，龍樹的造論對象所持的見解，是基於阿毘達磨（梵 Abhidharma）體系背後的基本假設。阿毘達磨是佛教哲學傳統的一部分，其目的在於填補「無我」、「無常」、「苦」等佛法要義背後的形上學細節。之所以會出現不同的阿毘達磨部派，就是因為對這些細節產生重大的爭議。然而，這些部派卻有一套共同認可的基本假設，或許可以粗略勾勒如下：

一、某項陳述的真偽，可以由「世俗」（conventionally）和「勝義」（ultimately）兩方面來檢視。

（一）說某項陳述在世俗上是真實的，亦即世俗諦（conventional truth），等於是說以世間之認可為基礎的行為，必然導致暢行無阻的慣例。我們對自身和世界的常識性信念大多是世俗諦，因為這些信念反映出一般公認有用的日常慣例。

（二）說某項陳述在勝義上是真實的，亦即勝義諦（ultimate truth），等於是說它與真實（reality）的本質相應，而且不主張也不預設有任何純粹「概念上的虛構」（conceptual fiction）存在。所謂「概念上的虛構」，意指那些僅僅是與這些概念使用者的我們有關，以及我們碰巧使用的概念，因而被視為存在的事物。例如，「車」是一個概念上的虛構物。當一組零件以正確的方式組合時，我們僅僅因為它是和自己興趣相關的事實（我們對促使交通便利的組合物有興趣），以及自身認知的局限（由於有限的認知，我們很難羅列所

有零件和它們的組合），而相信除了零件之外，還有車的存在。勝義諦是絕對客觀的，它反映世界的真實面貌，不受恰巧對我們有用的因素所影響，沒有任何與「車」相關的陳述在勝義上是真實的（或不實的）。

二、只有諸法（dharmas）在勝義上是真實的。

（一）說某件事物在勝義上是真實的，等於是說關於這類事物可以在勝義層次上陳述它是真實（或不實）的。勝義真實的實體（entity）有別於純粹概念上的虛構物，因為前者可以被視為獨立存在，不受與我們相關的事實所影響。

（二）勝義真實的諸法是結構簡單或不可分割的，它們不是心智為求概念精簡而聚合（aggregate）為整體的習性所造成的產物，而是這種心智活動的所有產物經過層層分析，最終分解而餘留下來的基本成分。它們可能包含諸如下列類別的事物：不可分割的物質微粒、時空上各自獨立且具有形色的事物、痛覺、飢餓、口渴等基本欲望的特別情況，或剎那的意識。（各個阿毘達磨部派所陳述的「諸法」，內容多少有些差異。）

（三）關於人、城鎮、森林、車等構成的常識世界（commonsense world），以及與之相關的一切事實，都可以完全以諸法和諸法彼此關係的角度來解釋。換句話說，世俗諦可以完全以勝義諦的角度來加以解釋。

三、諸法依賴眾因緣而生起。

儘管並非所有阿毘達磨部派都認為一切法皆依賴「緣起」（梵pratītyasamutpāda），卻一致公認諸法大多數是如此。另外，既然凡依賴緣而生起者，亦依賴緣而滅盡，大多數（或一切）的「法」都是無常的。

四、諸法具有自性。

（一）所謂「自性」，是一種特性或屬性，是持有此屬性者本身固有的。換句話說，一個實體以某屬性為特徵的這項事實，不受其他任何事物的相關事實所影響。

（二）只有諸法具有自性。一輛車的大小、形狀不是它的自性，因為這輛車具備的大小、形狀取決於它的零件大小、形狀和組合。車的大小、形狀是「他性」（梵 parabhāva），因為它們不是車本身「自有的」，而是從其他事物挪用而來的。

（三）諸法只具備自性。某件事物的某個特徵只能藉由和另一件事物的關係而得來（例如，「比勃朗峰更高」），這就不是此物固有的特徵。但之所以依然會推斷此物具備這個特徵，這是要讓內心的造作（mental construction）在我們建立真實事物的概念過程中發揮作用，因為我們需要推斷某件事物可以有複雜的本質，也就是它具有自性（排除其他一切事物之後，它自己的本來面目），外加與其他事物的關係而造成的種種特性。一件事物的本質得複雜到這種程度，才會被心能聚合的習性建構成為概念。

（四）任何一法都只有一個自性。既然諸法是分析到最後所剩餘的成分，而且分析拆解了內心所造作成的聚合物，所以任何一法只能有一個自性。

五、滅苦之道是最終能領悟關於我們自身和世界的勝義諦。

（一）苦的起因是以為有恆常的「我」這種不實的信念，也就是誤以為有恆存的經驗主體和行動執行者，生命中的種種事件因此主體而可能產生意義。

（二）這個不實的信念來自於不能看清人只是概念上的虛構物，其實並無自性，勝義真實只是一切諸法的因果相續。滅苦之道，是最終以真正客觀的方式看見真實，也就是不在世間投射任何概念

上的虛構物。

　　龍樹不否認部派所述的諸法，但他卻不接受這些敘述引申的寓意——諸法事實上是存在的。龍樹所持的立場是，如果有勝義真實的事物存在，那就是諸法——具有自性的事物；但事實上不可能有這種事物。不僅人和其他可分解的事物因為缺乏自性，都只是概念上的虛構物，諸法也是如此。說一切事物皆空，即是此意。

　　由於這個主張的本質，所以不可能有任何單一論證可成立此主張。這樣的「主論證」（master argument）勢必得根據事物勝義自性的相關主張，既然成立這種主張所需的是勝義真實，就涉及對某種自性的支持。龍樹的策略卻反而檢視認為有勝義真實的實體者所提出的種種主張，並且試圖顯示其中沒有任何主張可能為真。《中論》注釋者甚至在每一章開始引言時，提出論敵對前一章結論所作的反駁。這種作法是希望論敵一旦看到本身的基本主張被駁斥的數量夠多，就會承認繼續發掘勝義諦的企圖大有可能徒勞無功。

《中論》常見的推論模式

　　這種期待，有一部分是基於龍樹在反駁時所運用的一些常見的推論模式。人一旦看出某個推論策略如何用以駁斥若干相異的假說，就比較容易明瞭同樣的策略，也可能運用在自己對某個形上學議題的偏好見解。以下是《中論》特別常見的推論模式。值得注意的重點是，對論敵而言，每一項被駁斥的假說都是勝義諦。

一、無窮後退（infinite regress）：

　　這種推論的用意是彰顯假說 H 不可能為真。因為導出 H 的推論如果運用在 H 本身，會進而導出另一項假說 H'，運用在 H' 本身，則會導出 H"，如此推演無窮無盡。但是提出 H 是為了解釋某個現

象 P，而完善的解釋應該止於某一點，不能無限推論。因此，H 不可能是 P 的正確解釋。關於此類推論的例子，詳見【2.6】（譯按：即指第二章‧第六頌，餘以此類推）、【5.3】、【7.1】、【7.3】、【7.6】、【7.19】、【10.13】、【12.7】、【21.13】。

二、不一不異（neither identical nor distinct）：

這種推論旨在駁斥「x 和 y 以某種方式 R 產生關連」之類的假說。如果這種假說成立，則 x、y 必定全然相異，或實則為同一物（只是用兩種不同的描述）。然而，若 x、y 相異，則兩者獨立存在，沒有交集；若 x、y 各自獨立存在，則 R 不是 x 的特徵，因此「x 和 y 之間具有關係 R」不可能是勝義諦。反之，若 x、y 完全相同，則 x 和自身具有關係 R，但這是荒謬之論。以「R 是起因」的關係為例，「某一事件可能肇因於自身」的想法是荒謬的。關於此類推論的實例，詳見【2.18】、【6.3】、【10.1–2】（譯按：即指第十章‧第一頌至第二頌，餘以此類推）、【18.1】、【21.10】、【22.2–4】、【27.15–16】。

三、三時（the three times）：

這種推論的用意是駁斥「x 具有某種屬性 P」之類的假說。欲使這項假說為真，x 必須在過去、現在、未來三時中的任一時具有 P。但根據《中論》論證，基於種種理由，「x 在任何一時具有 P」不可能為真。第三種可能性，亦即「x 現在具有 P」，通常略而不論，因為沒有迥異於過去、未來的「現在」；換句話說，「現在」只是一個點，沒有持續期，我們視之為一段延續的現在時刻，是從過去和未來建構出來的概念。不過，有時第三種可能性被排除，是因為勝義真實的諸法必定是不可分割的單一元素。關於此類推論的實例，詳見【1.5–6】、【2.1】、【2.12】、【2.25】、【3.3】、【7.14】、

【10.13】、【16.7–8】、【20.5–8】、【21.18–21】、【23.17–18】。

四、反自反性（irreflexivity）：

這種推論的運用，通常是在論敵藉由主張「實體 x 與其自身具有關係 R」，以試圖防止無窮後退論證的情況。根據反自反性的原理，一個實體不能對自身起作用，通常援引以為佐證的例子，包括不能自斫的刀，以及不能指向指頭本身的手指。龍樹在【3.2】、【7.1】、【7.8】、【7.28】運用且證實這項原理。

五、非互易性（nonreciprocity）：

這種推論旨在駁斥「x、y 處於相互依賴關係」之類的假說。所謂相互依賴，即是 x 以某種方式依賴 y，而 y 也以同樣方式依賴 x。此類推論的實例，詳見【7.6】、【10.10】、【11.5】、【20.7】。

偈頌譯本與參考資料

我們的《中論》偈頌翻譯主要根據瓦萊 · 普桑（La Vallée Poussin。以下略稱「LVP」）[1] 的版本，但是相較於晚近出版的葉少勇（以下略稱「葉」）[2] 版本，若有重大差異之處，我們通常以葉的版本為依據。引用月稱注釋的《明句論》頁碼標注皆依瓦萊 · 普桑的版本，其他三本注釋的引文則摘自彭迪耶（Pandeya。以下略稱「P」）的版本。由於彭迪耶注釋的梵文經過其重構，凡有疑慮之處，我們一律核對藏譯本。

《中論》引文出處皆以「章節 · 偈頌」標示，因此「詳見【1.7】」意指讀者可參考第一章 · 第七頌。至於我們經常參考的其他文本的書名略語表，則列於【參考書目】。對於《中論》語言文獻研究有興趣者，或許有意查閱以下資料：

MacDonald, Anne. 2007. "Revisiting the *Mūlamadhyamakakārikā*: Text-Critical Proposals and Problems." *Studies in Indian Philosophy and Buddhism* (Tokyo University) 14: 25–55.

Saitō, Akira. 1985. "Textcritical Remarks on the *Mūlamadhyamakakārikā* as Cited in the *Prasannapadā*." *Journal of Indian and Buddhist Studies* 33(2): 24–28.

———. 1986. "A Note on the *Prajñā-nāma-mūlamadhyamakakārikā* of Nāgārjuna." *Journal of Indian and Buddhist Studies* 35(1): 484–87.

———. 1995. "Problems in Translating the *Mūlamadhyamakakārikā* as Cited in Its Commentaries." In *Buddhist Translations: Problems and Perspectives*, edited by Doboom Tulku, pp. 87–96. Delhi: Manohar.

（1）為原注；[1] 為譯注

[1] 瓦萊・普桑（La Vallée Poussin, 1869-1937）：二十世紀初比利時著名的印度暨漢學家。1914 年應斯坦因之邀為敦煌藏文寫卷編目，其生前編好了 765 號藏文佛典的目錄，但遲到 1962 年，他所作的《印度事務部圖書館藏敦煌藏文寫本目錄》才由牛津大學出版社出版。他以法語校訂、注釋龍樹的《中論》以及注釋月稱的藏譯《明句論》，通過後者的引文，現代學術界才首次窺見《中論》注釋的梵文原典。他也將玄奘所譯的世親《俱舍論》譯成法文。此外，他對唯識學研究的最大貢獻是將《成唯識論》譯成法文，為西方學者展現了一個極其豐富而又成熟的唯識學體系。他的佛典翻譯作品為歐洲現代佛學的研究奠定了基礎。

[2] 葉少勇（1978-）：河南人，早年師從韓鏡清研習唯識學，後於北京大學師從段晴學習梵語和佛教文獻，並於 2005 年和 2009 年分獲北京大學碩士、博士學位。現任北京大學外國語學院南亞學系講師。主要研究梵語寫本與佛教哲學文獻。著有《〈中論頌〉——梵藏漢合校・導讀・譯注》、《〈中論頌〉與〈佛護釋〉——基於新發現梵文寫本的文獻學研究》。

目次

✹ 本書注釋 (1) 為原注；[1] 為譯注

✹ 本書每一章的章題，主要沿用月稱《淨明句論》的版本，少部分採用《無畏論》、《佛護注》、《般若燈論》的章題。

✹ 本書第 14 章與第 20 章之章題雖相同，然其指涉的內容並不相同。

皈敬偈

我禮敬圓滿覺悟者、無上的教法演說者。

他教導緣起法義：

〔一切法皆是〕

不滅亦不生，不斷亦不常，不一亦不異，不來亦不去；

〔這是為了成就以〕

戲論的善妙止息〔為特質的涅槃〕。

　　這首皈敬偈不僅是《中論》對佛陀的敬獻詞，更宣告了造論的目的。印度的論書通常會開宗明義地敘述此書為何值得一讀，亦即指出讀者如何從書中內容獲益。在這首皈敬偈中，龍樹並未直言此論有助於世人解脫輪迴（指出《中論》造論目的為解脫輪迴的是月稱），但他在字裡行間，卻透露此論背後的確有此意圖。

　　此偈一開始即是著名的「不滅亦不生」等八項否定或「八不」。（我們的英譯更動梵文原文的詞序，以便使意義更明確易解。）這些否定被認為是用來描述佛陀核心教義「緣起法」的內容，因此，此偈主張當我們說一切事物皆取決於緣起之時，其實這句話真正的

含意是：無一物實有生滅；無一物曾有斷常；萬物實則不是同一，也不是眾多相異的事物；而且其實無一物從他方來到此處，或從此處去向他方。

對於龍樹同時代的佛教徒而言，這種否定有些部分不足為奇。例如「無一物實有運動」的主張（第二章的探討），普遍受到當時鑽研義理的佛教徒所採納，認為那是現存事物的無常造成的結果。他們想要以「緣生的實體形成一系列因果相續」的想法，來解釋為何在人們眼中看來似乎是有「來」和「去」的運動現象。同樣地，「不斷亦不常」附和佛陀「緣起代表恆常論（eternalism）與斷滅論（annihilationism）兩個極端之間的正確中道」的主張。在第十五、十七、十八、二十一、二十二和二十七章對這點都有所討論，只是探討的方式大幅超越此前對這個主張的正統解讀。然而，對他們很多人而言，「不滅亦不生」的主張（見第一、七、二十、二十一和二十五章）往往是石破天驚之論，因為「緣起」被視為涉及（並且解釋）在勝義上真實實體的生滅。此外，儘管「不一亦不異」讓許多佛教徒聽來覺得耳熟（佛陀的確說過，今生的某人和轉生來世的此人是「不一亦不異」，例如 S II.62、S II.76、S II.113，[1] 但是對於「緣起」，阿毘達磨的標準敘述卻仰賴「有許多彼此相異的勝義真實諸法存在」這個觀念。因此，當龍樹主張，一般認為相異的兩個事物在勝義上既非同一亦非多數時（例如第六、十四和二十七章），這讓許多人大感意外。

然而，龍樹造論的目的不是要標新立異；相反地，根據各家的注釋，透過這八項否定來理解「緣起」，重點在於終結戲論（梵 prapañca；hypostatization。概念的實體化），藉此達到涅槃（梵 nirvāṇa）。所謂「戲論」意指具體化或「實物化」（thing-ifying）的過程，也就是將實際上只是實用的言詞表達，視為指涉某個真實的實體。由於緣起說是佛陀教法的核心，以致阿毘達磨學問僧發展

出一套複雜的概念，用以詳盡分析這個核心教義。「皈敬偈」中的八項否定旨在提醒我們：概念的激增會讓我們偏離真正的目標——解脫，而且甚至可能是障礙我們滅苦的絆腳石（詳見【18.6】，以及第二十四、二十七章）。但我們不應該因為遵照智者的指示，而接受這些否定（連同其他類似的否定）。《中論》由意圖駁斥生滅等事物的哲學論辯所構成，因此它的目的是借助哲學理性思辯的工具，把其他佛教學問僧研發的種種概念差別，安置在各自適當的位置，以便有助於人逐步地邁向解脫。這些概念的「適當位置」就在於每位善巧的佛教宗教師隨身攜帶的「工具箱」裡，他們會因應特定受苦眾生的情況，適時地妥善運用它們（詳見【18.5–12】）。

---

[1] 參見《相應部‧因緣相應》第三十五經（S II.62）：「比丘！有『命與身為同』之見，此非梵行住。有『命與身為異』之見，此非梵行住。比丘！離此等之兩邊，如來緣中說法。」（《漢譯南傳大藏經》，相應部經典二，元亨寺妙林出版社，1993，頁 73）
第四十六經（S II.76）：「婆羅門！彼作而彼經驗者，此乃一極端。……婆羅門！他作而他經驗者，此乃第二之極端。婆羅門！離此等之兩極端，如來依於中而說法。」（同上，頁 91）
第六十七經（S II.113）：「生非自作，生非他作，生非自作、他作，生亦非自作、非他作，非無因生，是緣有而有生。」（同上，頁 133）

觀察「因緣」

　　《中論》探究「因果」（causation）這個概念的幾個章節，以〈觀察「因緣」〉為始。首先，應當注意一個重點：在正統印度哲學中，「因果」通常被視為實體之間的關係（「種子加上溫暖且濕潤的土壤，是新芽的起因」），而不像現代科學認為「因果」是事件之間的關係（「撞擊造成球體的運動」）。本章一開始即陳述以下論點：在人們觀念中，因果關係可能涉及四種合乎邏輯的模式，但現存的事物之所以出現，並非依循其中任何一種模式。部派論敵（亦即某個阿毘達磨部派的成員）隨後提出以「緣」（condition）為依據的分析，也就是關於「因果」的四個觀點中的第二個觀點，該理論主張實體依賴相異的「緣」而生起，而本章其餘偈頌則以種種論證反駁這項理論。本章的論證概述如下：

【1.1】主張：沒有任何實體的生起是依循下列四種可能成立的模式：（一）因為自己；（二）因為相異的起因；（三）既因為自己，也因為相異的起因；（四）並無任何原因。
【1.2】總破上述四種可能成立的起因。

【1.3】論敵：實體生起是依賴四種相異的「緣」。

【1.4】破斥「緣」，以及由「因」生「果」的活動（causal activity）之間的關係。

【1.5-6】「緣」的定義，並且論證任何事物都不可能符合這項定義。

【1.7-10】逐一破斥四種「緣」。

【1.11-14】破斥「果由緣生」的論題。

【1.1】

> 不是從自己而生，不是從他者而生，
> 不是從自身與他者共同而生，也不是無因而生──
> 根本沒有任何現存事物
> 以任何方式生起。

這一頌是龍樹本章論證的總結：存在的事物之所以出現，並不是由於眾緣。在人們觀念中，事物的出現可能有四種起因，但龍樹悉數否認。根據第一種觀點，「果」看似生起，這是因為在某種意義上，「果」已經存在於它的「因」中；「果」的出現，其實是已經存在的某事物顯現而已。第二種觀點主張「因」和「果」是相異的實體。第三種觀點則認為「因」和「果」可說是既相同，又相異。第四種觀點宣稱事物是無因而生；既然沒有起因，生起的事物不能說是源於自己，也不能說是源於與自身相異的某物──它不「源於」任何事物。

我們根據葉少勇（2011）的說法，因此有別於根據普桑的版本，對調本章【1.2】和【1.3】的次序。（如此排序有《無畏論》、《佛

護注》和《燈論》作為明確的佐證。）依此解讀，【1.2】是整體性的論辯，破斥四種因果觀。不過，清辨在【1.1】的注釋中預先提出論證，破斥上述四種觀點。例如，他說第四種的因果觀，意謂任何事物隨時可能產生任何事物，而我們都知道這與事實不符。

【1.2】

> 現存事物的自性，
> 不存在於眾緣中，
> 自性不可得，
> 他性亦了不可得。

根據《無畏論》，【1.2ab】（譯按：即第一章‧第二頌的前半段）提出論證，駁斥【1.1】提及的第一種觀點——現存事物是從自己而生（此觀點稱為「因中有果論」〔梵 satkāryavāda〕）。其論證如下：如果現存事物的起因其實是該事物本身，那麼，它應該具備此物的自性，但事實並非如此。的確，如同其他各家注釋所指出的，如果「自生」的理論成立，則事物的生起將毫無意義。例如，我們想知道火的起因，是因為想製造具備火的自性（亦即「熱度」）的某物。如果這個自性早已存在於火的起因之中，那麼，生火的行動就會變得毫無意義，因為如此一來，想要感受熱度，我們只要觸摸未點燃的柴薪即可。

再者，根據《無畏論》，【1.2cd】（譯按：即第一章‧第二頌的後半段）提出論證，破斥【1.1】提及的第二個觀點 現存的事物是從相異於自己的某物而生（「因中無果論」〔梵 asatkāryavāda〕）。此觀點意謂現存事物必須從它的起因挪用它自己的自性，如此一來，它本身的自性即變成「他性」（梵 parabhāva，他者的自性）。其論證如下：目前討論的現存事物，既然其自性不存在，他性也

同樣覓之了不可得，因為欲使一件事物存在，其自性必須存在。例如，沒有熱度的存在，就沒有火。此外，事物如果不存在，就不可能從其他事物挪用自性。因此，現存的事物不可能從相異的事物而生。（關於「因中有果」與「因中無果」的討論，詳見第十、二十章。）

　　第三個因果觀理應被破斥，理由是此觀點承繼前兩種觀點的所有過失。此外，根據《無畏論》，第四個觀點不符事實，因為那是佛陀所摒棄的一種極端見解（其他註釋者也提出更多哲學上的理由，以否決這種因果觀）。

【1.3】

　　〔論敵：〕
　　有四種緣：因緣、
　　所緣緣、等無間緣，
　　當然還有增上緣；
　　沒有第五種緣。

　　各家註釋都聲稱【1.3】為某位佛教內部論敵的觀點，也就是【1.1】所提及的四種觀點中的第二種。在月稱的註釋中，此論敵一開始敘述反對第一、三、四種觀點的理由。關於第一種觀點，既然想要達成的「果」已經存在，緣起就毫無意義。我們尋求關於「因」的知識，就是因為想要造作現前不存在的某個事物。第三種觀點也應該被破斥，因為那是第一、二種觀點的結合，而我們已經知道第一種觀點是謬誤的。第四種觀點——「無因生」，是佛陀所謂的荒謬邊見之一（M I. 408 [1]、A I. 173 [2]）。然而，論敵接著主張第二種觀點是佛陀的教誨，因此不該被破斥。

　　四緣的分類是阿毘達磨對佛陀緣起法的精密闡述（參見 AKB 2.64a）：（一）因緣（梵 hetu-pratyaya；primary cause）是公認造成

現前「果」的「因」，以新芽為例，種子是「因」。（二）只有某個認知才有所緣緣（梵 ālambana- pratyaya；objective support），也就是帶有意圖之認知的對象，是心識認知覺察的對境，例如視覺上的認知有兼具形色的「法」（梵 dharma）作為其所緣緣，聽覺方面的認知有聲音作為其所緣緣，以及其他諸如此類的例子。（三）等無間緣（梵 samanantara-pratyaya；proximate condition）是緊接在「果」出現之前的實體或事件，此實體或事件的消失，讓「果」有存在的空間；（四）增上緣（梵 adhipati-pratyaya；dominant condition）是「果」生起不可或缺的條件，如果沒有增上緣，「果」不會出現。龍樹在批判因果的基本概念後，會依次探討這四種緣：【1.7】討論因緣，【1.8】是所緣緣，【1.9】談等無間緣，【1.10】則是增上緣。

月稱為了鋪陳【1.4】，讓論敵在此回應【1.2cd】提出的問題，其回答如下：「既然依賴諸緣而生起的觀點被如此駁斥，『依賴行動（梵 kriyā）而生起』的觀點將被接受。能見的眼根、形色之類的眾緣並未直接造成眼識生起〔成為『果』〕，但它們之所以稱為『緣』，是因為它們導致能產生眼識的行動，而且這個行動也的確產生眼識。因此，眼識的產生，是由於具有『緣』且能生識的行動，而不是由於『緣』。例如粥〔的產生〕是因為烹煮的行動。」（LVP，頁 79）

【1.4】

> 行動不具有緣，
> 也非不具有緣；
> 緣非不具有行動，
> 也非具有行動。

在此，「行動」應該是讓「因」和「緣」產生正確之「果」的

起因活動。這可以解釋為何種子只有種植在溫暖、潮濕的土壤中時，才會冒出新芽（而且為何新芽不從石頭裡冒出來）。但如果這行動是眾緣共同出現的產物，也因此可以說是具有「緣」，那麼，當這些「緣」聚集之時，想必這個行動也會出現。但這是發生在「果」生起之前，還是在「果」生起之後？如果是前者，那麼，它沒有執行讓事件成為產生行動的活動；如果是後者，既然「果」已產生，就不再有「因」產生「果」的活動。再者，月稱又說，除了前、後，沒有「果」正在產生的第三個時間，因為那需要「果」同時存在且不存在，但這種狀態是自相矛盾的。

另一方面，萬一有人說這個起因活動和眾緣無關，它是獨立發生的，則我們無法解釋「因」生「果」的行動為什麼發生在某個時刻，而不是在其他時間。若此行動真的不依賴眾緣，則它將時時發生，如此一來，所有像生火之類的工作將會變得毫無意義。

鑒於無法明確指出這個行動發生的時間，即可據此推斷在勝義上它不存在，同時也可以說「緣具有行動或不具有行動」的想法，不可能是勝義諦。

【1.5】

當某事物依賴一些條件而生起時，
這些條件稱為「緣」；
當此事物尚未生起時，
它們為何不是「非緣」？

【1.6】

無論對象〔即所謂的「果」〕尚未存在，或已經存在，
都不能稱某事物為「緣」。
如果對象不存在，某事物是何者的「緣」？

如果對象已存在，又何須有某事物作為「緣」？

這兩頌更詳盡地解釋【1.4】。就眼識的生起而言，所謂「緣」，亦即能見的眼根、對象的存在、光線等，當視覺認知尚未存在之時，這些都不能稱為「緣」，因為它們還沒有執行由「因」產生「果」的活動，沒有資格稱為「緣」。然而，當視覺認知的確存在時，卻無任何產生的活動。我們可能會認為必定有第三個時刻介於這兩個時刻之間，也就是視覺認知正在產生之時。不過，談到車子，我們或許可以這樣說，但如認知這種在勝義上是真實的事物，這種說法卻不適用。車子的零件正在組合的過程中，我們也許認為這輛車是逐漸成形的事物，因此，我們必須說，在那過程中「車」既存在，也不存在，也正因為如此，我們得承認車子在勝義上並非真實的。我們可以如此陳述一部車，正顯示「車」不過是一個有用的虛構物罷了。

這種論證模式或可稱為「三時論證」（argument of the three times），它將作為第二章的主要論證模式。就目前探討的「緣起」而言，運用這種論證的要點在於對堅信因果相異者而言（支持這種見解的人稱為「因中無果論者」），「因」生「果」的關係只可能是一種虛構的概念。根據因中無果論者的主張，「因」和「緣」發生在「果」生起之前。若要主張「果」依賴「因」和「緣」而生起，我們必須認定兩事物之間存有真實的關係，問題是這樣的關係不存在於已生、未生這兩個時刻，至於第三時，只有談到「車子」之類的概念虛構物才適用。由此可推斷產生關係或因果關係必定是概念建構的產物，是我們一觀察到經常接連發生的事件，所立即施設假名之物，但實際上覓之卻了不可得。

【1.7】

既然「法」存在時不起作用，

不存在時也不起作用，

同時存在且不存在時，都不起作用，

在此情況下，如何會有事物可被稱為「能生因」？

　　根據月稱的解釋，所謂「能生因」（梵 nirvartakahetu；operative cause），意指【1.3】提及的四緣之首——「因緣」。所謂「法」，是勝義真實的實體，也就是具有自性者。【1.7】的論證如下：為了使某個實體發揮產生「果」的作用，這個實體必須經歷變化，從尚未產生「果」的狀態，演變成已經產生「果」的狀態。然而，「法」是勝義真實的實體，當它存在時無法變化，因為它的存在僅在於展現其自性；當它不存在時，也無法經歷變化，因為這時沒有「它」可作為變化的主體。至於第三個選項——「法既存在且不存在」，根據各家註釋的解說，這個論題承接前兩項論題的缺失，況且「存在」和「不存在」這兩種屬性彼此並不相容。

【1.8】

　　現存的「法」，

　　據稱確實沒有所緣緣。

　　那麼，對不具所緣緣的「法」，

　　為何又要假設所緣緣呢？

　　諸如視覺認知等心理狀態的對象，被稱為是此認知的「所緣緣」。稱它是一種「緣」，等於是說如果沒有對象，則認知不會生起。此處駁斥所緣緣的論證和【1.6】、【1.7】是相同的，當認知存在時，論敵設想的所緣緣不能說可產生此認知，因為只有尚未存在之物才能被產生。

　　請注意這個論證有別於經量部（梵 Sautrāntikas）用來佐證感

知表徵理論（representationalist theory of perception）的「時差論證」（time-lag argument）。這兩種論證皆依賴一項事實：先有所緣緣的存在，後有認知。但是經量部運用這一點，以論證認知無法直接覺察所謂的「所緣緣」。相較之下，此處的論證則運用同一件事實，證明所謂「所緣緣」不能被視為造成認知的因緣之一。

【1.9】

> 諸法尚未生起時，
>
> 壞滅不存在，
>
> 因此，沒有任何事物可被稱為「等無間緣」；
>
> 如果被滅，它如何能成為一種「緣」？

【1.9】論證也類似【1.4-7】，只是這次針對等無間緣或次第緣的想法，亦即四緣中的第三種緣。無論在「果」生起之前或之後，等無間緣都無法產生作用。此緣必須經歷壞滅才能產生「果」，若「果」未生起時，它並未消失，那麼，它就不能成為緊鄰在前的緣。但在「果」生起之前，它其實尚未壞滅，而它一旦壞滅，既已不存在，便不能說它導致「果」的產生。

【1.10】

> 既然無自性的事物，
>
> 是不存在的，
>
> 「此有故彼有」的說法，
>
> 絕不可能成立。

「此有故彼有」是佛陀論因果關係之緣起教說的標準公式，其中「此」被阿毘達磨師認為是「增上緣」，即四緣中的最後一項。

此頌主張對於勝義真實的諸法而言，這種增上緣不可能存在。其論證如下：凡依此緣起公式而生者，必是無自性的。我們在【1.4-7】已見到「沒有勝義真實之果正在生起的第三時」的主張，這是因為勝義真實之法必具備其自性，而非挪用他物的自性（例如一輛車的大小、形狀、重量等自性，是從車子各個零件的自性挪用而有的）。這又進而表示勝義真實之法本質簡單，本質簡單者若非存在，即是不存在，沒有介於其中的第三種狀態——正在存在之時。只有車子之類的非勝義真實之物才可以說經歷產生的過程，因此，「此有故彼有」的公式不能適用於勝義存在的事物。

【1.11】

> 無論從個別的「緣」或眾緣和合的角度來思考，
> 「果」都不存在於「緣」中。
> 不存在於「緣」中的事物，
> 如何能從「緣」產生？

【1.12】

> 若「果」不存在〔於緣〕中，
> 而從「緣」產生，
> 為何這樣的「果」，
> 不會從「非緣」中產生？

到目前為止，論證都集中在四緣，現在則將焦點轉向「果」，不過，所提出的論點是類似的。在此探討的觀點是「果異於其因與緣」，【1.11】提出的質疑是：如果這個觀點成立，則無法解釋為何這個特定的「果」從這些「緣」產生。月稱以「布」為例來解說，一般認為一塊布是從紡線、織布機、梭、緯線等「緣」產生，但如

果將這些「緣」拆開來看，這塊布不在任何個別的「緣」之中，因為在單獨存在的紡線、織布機等「緣」中，找不到這塊布，而且如果它在各個「緣」之中，就不是一塊布，而是很多塊布料。這塊布也不在眾緣和合的狀態中，因為當眾多紡線會集交織時，這些線是構成布的個別零件，但這整塊布不存在於其中每個零件之中。因此，這塊布和它的種種「緣」必須被視為是完全相異的。【1.12】則指出，如此一來，預料「果」從任何事物皆可產生的想法也同樣合理，換句話說，「果」可以從一般認為不是此「果」的「緣」（非緣）中產生（參見【1.2cd】）。如清辨所指出的，這樣推論的理由是紡線異於凝乳，正如紡線異於布，所以，我們應該預期可用紡線產生凝乳。

【1.13】

> 「果」由「緣」所構成，
>
> 但這些「緣」並非由它們自己所構成；
>
> 非由自己本身構成的事物產生的「果」，
>
> 如何能由「緣」所構成？

　　【1.13】探討的觀點是：「儘管果異於因與緣，卻仍然由緣產生，因為這些緣是果的主要特點或構成要素」（正理派持此觀點）。這個觀點與【1.11】、【1.12】所探討的焦點不同，它限定「緣」一詞僅指可以稱為「果」的構成要素者。注釋者所採用的例子是「紡線和布」，我們可以說布是由紡線所構成，但紡線由紡線本身構成卻是不實的，一條紡線有其構成要素，例如兩端線頭和中間部分。但是如果一件事物是由其他事物所構成，此物的自性應該存在於它的構成要素中，例如這塊布的顏色應該出現在它的紡線中。此外，儘管以紡線為成分的屬性存在於這塊布當中，卻不存在於此布的紡線中。紡線不能由紡線本身構成，而是由線頭和其他成分構成。因

此，【1.13】探討的觀點（「果」中有「緣」）不可能是正確的。

【1.14】

> 因此，由「緣」所構成的「果」不存在，
> 由「非緣」所構成的「果」也不存在。
> 倘若「果」不存在，
> 如何會有「緣」或「非緣」？

　　如【1.13】所示，「果」不能說由它的「緣」所構成，因為「果」的自性只可源於不從其他事物獲得自性的諸法。另一種說法是「果」由「非緣」組成，如果布不是由紡線構成，那麼或許是由稻草組成；但稻草是草蓆的「緣」，對於布而言，它是「非緣」。這種說法顯然荒謬。所以，對於真實之「果」的緣起，並無看似可信的解釋。況且在真實之「果」不存在的情況下，並無任何事物可被視為「緣」或「非緣」。

---

[1] 參見《無戲論經》（Apaṇṇaka-suttanta, M I. 408）：「〔世尊曰：〕居士等！於是，彼等沙門、婆羅門為如是說者、如是見者：『有情之雜染為無因無緣……乃至……受樂苦。』……彼等沙門、婆羅門實不見諸不善法之災患，罪惡及穢污，〔不見〕諸善法於離欲之功德與清淨伴黨〔故〕也。實有因時，彼有此見：『無有因。』彼有此邪見也。……如是，彼前有廢棄善戒、今有現起惡戒。此邪見、邪思惟、邪語、及對諸聖者敵對，使〔他〕知非正法，自讚、毀他，如是此等無數之惡不善法，乃緣邪見而成也。」（《漢譯南傳大藏經》，中部經典二，頁 164-165）

[2] 參見《增支部·三集·大品》第六十一（A I. 175）：「諸比丘！此中凡沙門、婆羅門言：『凡士夫人領受樂、苦、或非苦、非樂，此一切是由無因、無緣而來，』……我將對彼等如是說：『若然，則具壽！因為無因無緣故，當可殺生……乃至……因為無因、無緣故，當可為邪見者。』諸比丘！復次，執無因為堅實者，是無所謂是可作或不可作之欲、亦無精進。」（同上，增支部經典一，頁 252）

觀察「已去」、「未去」「現在去」

　　這一章的主題是「運動」（motion），開宗明義地主張過去、現在、未來三時都沒有「去」（行走）的行動。論敵提出異議，認為「運動」的確發生於現在，隨後是龍樹對此異議的詳盡反駁。此章其餘諸頌探究「是否有任何事物可以是涉及『去』、『開始去』和『停止去』的實體」的問題。本章的論證概述如下：

【2.1】主張：三時皆無「去」的行動。

【2.2】論敵：現在有「去」。

【2.3-7】破斥「現在發生『去』的行動」。

【2.8】主張：並無實體進行「去」的行動。

【2.9-11】「去者不去」之論題的理由。

【2.12】主張：去者（行走者）在過去、現在、未來三時中皆無法開始運動。

【2.13-14】上述主張的理由。

【2.15】主張：並無實體停止運動（三難推理〔trilemma〕）。

【2.16-17ab】「去者不止」之論題的理由。

【2.17cd】小結：並無「去」的行動，也無「開始去」或「停止去」
　　　　　的行動。

【2.18-21】去者和「去」的行動是不一不異的。

【2.22-23】破斥「去者以『去』的屬性為特徵」之論題。

【2.24-25ab】小結：無論去者、不去者或去不去者，於「已去」、「未
　　　　　　去」或「現在去」這三個位置中的任何一處，無有實
　　　　　　體在進行「去」的行動。

【2.25cd】總結：並無「去」的行動，無去者，也無「去」的目的地。

【2.1】
　　「已去」之路現在並無「去」的行動，
　　同樣地，「未去」之路現在也無「去」的行動。
　　異於「已去」和「未去」之路的「現在去」之路，
　　現在也無「去」的行動。

　　如果「運動」可能存在，那麼，應該可以說「去」的行動現在
發生於某處。這個地點不在「已去」之路（已經行走過的路上），
因為在那裡「去」的行動已經發生；也不在「未去」之路（還未走
過的路上），因為「去」的行動仍然停留在未來。除了這兩處，並
無此行動可以發生的第三處——「現在去」之路（現在正在行走的
路上）。如同《無畏論》的解釋，正如燈火，並無異於「已去」和
「未去」的「現在去」。《俱舍論》（Abhidharmakośabhāṣya）第九
品（AKB，頁472）以「移動的燈火」為例解釋如下：當我們說燈
火在移動，其實指的是燈火相續不斷，每個火焰只維持一剎那（最

短的時間單位）。既然每個火焰只發生在特定的一點，事實上並無任何火焰在移動。但是因為每個火焰發生的地點皆與前一剎那的火焰相異，表面上看來猶如一個持續的事物在運動。由於只有剎那存在的火焰是真實的，嚴格說來，其實並無「運動」，唯有串連過去、現在、未來三時的火焰，才有「運動」的錯覺。在此章其餘諸頌的討論中，謹記這個例子是一大要點，許多論證都基於「所有事物持續的時間只不過是一剎那」的假設。

【2.1】是「三時」論證的一個實例，頌文大意是說「去」的行動不可能發生在過去、未來或現在，類似的論證也運用在【1.5-6】。這一章此處的論證和芝諾（Zeno）的「飛矢不動悖論」（paradox of the arrow）[1] 相同，都依賴「時間、空間皆可無限分割」的假設。

【2.2】

〔論敵說：〕

有運動之處，即有「去」的行動。

此外，既然運動發生於「現在去」之路，

不是「已去」或「未去」之路，

則「去」的行動發生於「現在去」之路。

【2.3】

〔論主回應：〕

如果「在『現在去』之路而無『去』的行動」，

這說法不能成立，

那麼，「在『現在去』之路而有『去』的行動」，

這說法又如何成立？

要讓某事物成為「現在正在去」的地點，就得要有「去」的行動，但某事物 x 不能作為另一事物 y 的地點，除非 x、y 相異。龍樹

將在隨後【2.4-6】運用這一點，證明把「去」的行動定位於「現在」的看法，不可能是正確的。

【2.4】
> 如果你說在「現在去」之路有「去」的行動，
> 則必導致以下結果：
> 「現在去」之路並無「去」的行動，
> 因為〔對你而言〕，「現在去」之路此刻正被走過。

因為「現在去」發生的地點和「去」的行動相異（【2.3】），所以，地點本身必定沒有任何「去」的行動。

【2.5】
> 如果在「現在去」的路有「去」的行動，
> 結果必然有兩個「去」的行動：
> 一者是〔被稱為〕「現在去之路」所依據的行動，
> 二者是根據推測存在於「去」動作中的行動。

要讓一個地點作為行動發生之處，它本身必須以「現正被走過」為本質，但先決條件是「去」的行動，因為沒有這樣「去」的行動，它就不可能在現前此刻被走過。所以，我們現在有兩個「去」的行動，第一個是我們正在尋找的能表明其所在地點的行動（譯按：意即「現在去」之路要有「去」的行動，才能稱為「現在去之路」）；第二個是讓此地點成為正確的位置，而能使前者產生的行動。

【2.6】
> 如果有兩個「去」的行動，

結果必然有兩個去者。
因為如果無去者，
「去」的行動則不能成立。

由於這是一個荒謬的結論，而導致這個結論的是【2.2】論敵的假設，因此這個假設必須駁回。請注意，這個論證不會止於兩個去者，因為依照它的邏輯會導致去者的無窮後退推論。（同類實例參見【5.3】）

【2.7】

如果無去者，
「去」的行動則不成立，
當「去」的行動不存在時，
如何會有去者？

既然已經破斥「現在去」之路上有「去」的行動，結果必然是不可能有去者。不過須注意的是，要導致這樣的結論，先決條件是若無「去」的行動則無去者，而不是如果無去者則無「去」的行動（如【2.7】所言）。

【2.8】

去者不「去」，
同樣地，非去者亦不「去」；
除了去者與非去者，
哪裡還有第三者進行「去」的行動？

目前為止的論證是關於「去」的行動發生的地點——已走過的

路、未走過的路等,而在【2.8】焦點轉向這個問題:「究竟有無運動這個行為的執行者?」我們可以想到的可能性有三種:(一)此行動者是「去者」(goer),以運動為特徵者;(二)此行動者是「非去者」(nongoer),不以運動為特徵者;(三)此行動者既是去者,也是非去者,亦即同時以「運動」與「非運動」來界定。【2.8】的主張是,上述三者都不可能是「去」這個動作的執行者。接下來的【2.9-11】提出論證,破斥第一種可能。第二種可能顯然不合理,所以龍樹並未提出明確的論證駁斥。至於第三種可能,沒有任何事物以自相矛盾的屬性為特徵,這點應該無庸置疑。

【2.9】

　　首先,「去」的行動不存在
　　則去者不成立,
　　那麼,「去者有『去』」
　　這說法如何能成立?

【2.10】

　　如果你相信「去者有『去』」的論題,
　　其結果必定是
　　去者並無「去」的行動,
　　因為你想要認定去者具有「去」的行動。

　　月稱認為此處的推論類似【2.5】,他說:至於「正因為某人擁有『去』的行動,此人即是去者」的論題,既然提出這種理論的人想要說「去者有『去』」,就必須說「去者有『去』,而無『去』的行動」,因為持此論者以「去」表明「去者」。由於沒有第二個「去」的行動,因此「去者有『去』」的說法不正確。(LVP,頁99)

【2.11】

　　如果去者確實在行走，

　　那麼，結果必定有兩個「去」的行動：

　　去者被稱為「去者」所依據的行動，

　　以及去者實際行走的行動。

【2.12】

　　「去」的行動並非始於「已去」的路，

　　亦非始於「未去」的路，

　　也不是始於「現在去」的路。

　　那麼，「去」的行動始於何處？

　　針對認為有「去者」的人，【2.12】提出另一個問題：去者被稱為「去者」所憑藉的行動開始於何時？【2.13-14】詳細說明此推論。

【2.13】

　　在「去」的行動開始之前，

　　既無「現在去」之路，亦無「已去」之路，

　　可以發動「去」這個行動。

　　此外，「去」的行動如何能在「未去」之路開始？

【2.14】

　　如果「去」這個行動的開始，

　　無論如何都找不到，

　　如何能想像有「已去」、「現在去」

　　或「未去」之路呢？

　　在此，我們可以想見論敵反駁：既然有站立不動，必有「去」

的行動。論敵宣稱的理由是，「去」的行動停止時，才會發生站立不動之事，因此，要出現「站立」，必得先有「去」的行動。龍樹的回應在【2.15-17】。

【2.15】

> 首先，停止行動的就不是去者，
> 也確實不是非去者；
> 既不是去者，也不是非去者
> 而停止行動的第三者會是誰呢？

【2.16】

> 如果沒有「去」的行動而有去者，
> 這是絕對不能成立的，
> 那麼，最初「去者停止行動」的說法，
> 又如何能成立？

停止的不可能是去者，因為去者被界定是「去」這個行動的執行者，既然停止「去」的行動，那麼「去」和「止」這兩個行動便不相容。然而，停止行動的也不可能是非去者，因為非去者不是以「去」的行動為特徵，當然也不會以這個行動的結束為特徵。除上述兩者外，沒有第三種可能，因為沒有任何事物可以既是去者，又是非去者。

【2.17】

> 無論「現在去」、「已去」或「未去」的路上，
> 都不能說去者停止行動。
> 對於「去」的行動的〔觀察〕，
> 同樣適用於這個行動的開始與結束。

龍樹指出,用於破斥「去」這個行動的推論(【2.3-6】)同樣也可破斥此行動的開始(【2.12-14】)和終止(【2.15-17】)。

【2.18】

> 去者和「去」的行動完全相同,
> 這說法是不正確的;
> 去者和「去」的行動完全相異,
> 這說法也是不正確的。

此處對論敵提出另一個新的問題:去者和「去」的行動是同一,還是相異?龍樹將在【2.19-20】提出論證,逐一反駁這兩種可能。

【2.19】

> 如果「去」的行動,
> 和去者完全相同,
> 必然導致動作執行者和行動,
> 這兩者完全相同的結論。

各家注釋運用「切割者和切割動作」為例:一般認為,所有人都明白,像切割事物者之類的動作執行者,不可能等同於他們所執行的動作;同理,去者也不可能等同於「去」的行動。

【2.20】

> 另一方面,如果有人認為去者
> 和「去」的行動完全相異,
> 那麼,就會有「去」的行動而無去者,
> 以及有去者而無「去」的行動。

如果去者和「去」的行動不是等同關係，那麼它們是否必然相異呢？龍樹的答案是否定的，因為說它們相異，等於是說兩者各自有其自性，不依賴彼此而存在。果真如此，即使沒有任何去者，「去」的行動也能存在，而在沒有「去」的行動的情況下，去者也會是去者。這個論證隱含的邏輯在【5.1–4】有更嚴謹詳盡的解釋。

【2.21】

　　如果「去」的行動、去者不被確立為同一，
　　或不確立為相異，
　　如果兩者都不成立，
　　那麼，他們如何能被確立？

　　說某事物不被確立，即是說沒有理由相信它存在。【2.21】主張：如果實有去者和「去」的行動，則它們的關係必須同一或相異；既然這兩種關係都不成立，則沒有理由認為它們是實有的。

【2.22】

　　去者被稱為「去者」，是由於「去」的行動，
　　但去者並未獲得這個行動，
　　因為「去」這個行動出現之前，去者不存在。
　　某人的確行走至某處。

　　【2.22】的論證類似【2.10】。龍樹在此針對【2.20】否定「去者和『去』的行動相異」背後的推論，提出更詳盡的說明。他的看法如下：為了要取得「去」這個行動作為屬性，並因此成為去者，去者就必須異於「去」的行動而存在；然而，異於「去」的行動而存在者就不是去者了，因為所謂「去者」，即是走去某個地方，而

要去某個地方就需要「去」的行動。

【2.23】

　　去者被稱為「去者」，是由於「去」的行動，

　　除此行動之外，去者並未憑藉其他行動而得到「去」。

　　因為只有一個行動者去，

　　此時，不可能成立兩個「去」的動作。

　　第一個「去」是讓去者在取得「去」的行動之前，之所以能成為去者所需要的行動。這又是一個有無窮後退之虞的例子。

【2.24】

　　實有的去者

　　並無做出三種「去」之中的任何一種行動；

　　非實有的去者

　　也無做出三種「去」之中的任何一種行動。

【2.25】

　　既實有的亦非實有的去者

　　也無做出三種「去」之中的任何一種行動。

　　因此，沒有「去」的行動，沒有去者，

　　也無「去」的目的地。

　　所謂「三種去」，是在已走過、未走過和現正走過的路上的「去」。因此，【2.24ab】的主張是本章大部分偈頌論證的摘要。【2.24cd】探討的「非實有的去者」，即是【2.8】的「非去者」，此處並無單獨提出任何論證來支持這個主張。不過，或許無此必要，既是不以運動為特徵者，就不可能是「去」的行動主體。同樣的說

法也適用於【2.25ab】的主張。【2.25cd】陳述全章總結：勝義上不可能有「去」的行動、去者和「去」的目的地之類的事物。關於「沒有目的地」之事，也沒有任何個別論證的支持，但在這一點上也應該顯而易見，因為目的地是去者去的目標，所以如果沒有勝義真實的去者和「去」的行動，即不可能有目的地。

---

[1]「飛矢不動悖論」（paradox of the arrow）：由西元前五世紀末的希臘哲學家芝諾（Zeno）所提出。他認為時間是由許多瞬間所組成的，在任何一瞬間，也就是任何一個時間點，飛矢皆佔據與其大小相等的空間，因此飛矢在任何一瞬間都是靜止的，也就不會移動。參見《劍橋哲學辭典》中文版，台北：貓頭鷹出版，頁 1324。

觀察「六處」

　　「處」（梵 āyatana）的分類，是佛陀提出關於真實本性（the nature of reality）的教說時，用以劃分現存事物的三種分類系統之一。此教理將一切現存事物分為十二個基本類別，包括六種感官（六根）和它們各自的對象（六境）：能見（眼根）與可見之物（形色）、能聽（耳根）與可聽聞之物（聲）等。（第六根是稱為「意」〔梵manas〕的內在感官，具有心理層面的對境。）本章的目的在於破斥「這些感官和對象是勝義實有」的見解。【3.1】重述阿毘達磨的「十二處」教理，而龍樹的論證首先為「眼根不可能是勝義實有」的主張辯護，然後，由此自然導出「無見者，亦無可見實體之對境」的結論。接著，以同樣的論證概括其餘五種感官（五根）和它們的對境。本章的論證概述如下：

【3.1】陳述阿毘達磨的教理：根、境皆實存。
【3.2】論證主張：能見的眼根不能見色。
【3.3】回應對此論證的反駁。
【3.4-5ab】破斥眼根的存在。

【3.5cd-6】破斥見者與色境。

【3.7】「無眼根亦無色境」在邏輯上必然導致的結果。

【3.8】以同樣論證概括其餘的五根、五境。

【3.1】

　　能見、能聽、能嗅、能嘗、

　　能觸與意是六根，

　　形色等等

　　是諸根的對境。

　　這是有關「十二處」的教理，它把真實（reality）劃分為六根與其各自的對境。阿毘達磨認為這些都是勝義實有，而龍樹即將檢視眼根，並且試圖表明眼根不可能是勝義實有。他在【3.8】主張，同樣的論證可用於破斥其餘諸處。

【3.2】

　　能見的眼根

　　無論如何都不可能見到自體；

　　若眼根不能見到自體，

　　又如何能見到其他事物？

　　一般認為實體不能對自身起作用，如刀不能自斫，手指無法反指自身等。因此，能見的眼根無法見到自體。此處的論證是，因為這點是真實的，結果必然是眼根也不能見到自體以外的其他事

物（換句話說，眼根不見任何事物）。此論證似乎令人不解：為什麼根據「眼根不能見到自體」的事實，可以推論它不能看見其他任何事物？對於這個推論，有兩種解讀的可能，第一種是清辨和月稱的見解，第二種雖無任何注釋者提出，卻似乎不無可能。

　　一、茉莉花香先要充滿花朵，然後才能遍及接觸此花的事物。由此，推論的普遍原理是「一物的屬性必先充滿此物本身，才能逐漸遍及其他事物」。要讓對象被看見，即是「被看見」的屬性充滿此對象。根據前述的普遍原理，唯有「被看見」的屬性先充滿眼根，才能遍及對境。但既然眼根不能見到自體，「被看見」的屬性亦不遍及對境。由此，可推論並無相異的對境可被眼根看見。(1)

　　二、如果「見」是眼根的自性，則眼根必定不依賴其他事物而展現此自性，也就是說即使沒有任何可見的對境存在，眼根也應該能看見，否則展現「見」這個自性的眼根，就得依賴可見的對境而存在。但是「見」的先決條件是被見之物的存在，在無任何可見對境存在的情況下，只有眼根本身可作為眼根所見之物。然而，眼根不能見到自體，所以「見」不可能是眼根的自性。因此，「眼根能看見可見的對境」就不可能是勝義諦。

　　對此論證，我們應該可以想像論敵提出反駁如下：「反自反性」原理（亦即實體不能對自身起作用）並不成立，因為有反例。例如火燒柴薪時，亦燃燒自身。因此不能證明眼根不能見到自體。

【3.3】
　　〔對這項隱含的反駁，論主回應：〕
　　火的比喻
　　不足以成立能見的眼根，
　　誠如〔第二章〕「現在去、已去、未去」的觀察，
　　火與能見的眼根皆被破斥。

根據《無畏論》的解釋：「正如『去』的行動不存在於已去、未去或現在去之中，燃燒的行動也不存在於已燒、未燒或現在燒之中。」因此，論主回應：既然無法解釋勝義實有的火何以能燃燒任何事物，就不能說火能燃燒它自己。於是火不能作為「反自反性」原理的反例。火和柴薪的關係將在第十章中循序漸進地探討。

　　《無畏論》也暗示這可能是【3.2】結論缺漏的論證。如果在過去、現在、未來三時都不能說能見的眼根看見任何一物，則不能說「眼根看見」。這種解讀的難題是，如此一來，就無法清楚知道作為前提的「眼根不能見到自體」究竟有何作用？如果「三時論證」已顯示眼根絕不見一物，就無須為了證明眼根不能看見，而再指出眼根無法見到自體。

【3.4】

　　如果不觀看時，
　　則無能見的眼根，
　　「能見的眼根看見」的說法
　　怎麼會是正確的呢？

　　這是【3.2】推論中第二種解讀背後的想法。如果眼根是勝義實有，應以「見」為自性，所以認為「無任何看見的行動，卻可能有眼根存在」的想法並不合理。請注意，將「看見」的「能力」（capacity）劃歸為現在其實不在觀看的眼根，等於是讓眼根「見」的特性依賴其他事物；在此情況下，「見」不是眼根的「自」性。

【3.5】

　　能見的眼根不見，
　　非能見的眼根亦不見。

對於眼根的解釋亦可用於見者，

這點應可了解。

【3.6】

無論是能見或非能見的眼根，

見者皆不存在。

如果見者不存在，

如何會有所見的對象和能見的眼根？

　　要成為見者，必須具備眼根；然而，唯有在眼根看見的條件下，眼根才能造就見者。既然能見的眼根不見物（由【3.1-4】所得到的結果可知），而非能見的眼根顯然也不見物，則似乎並無令人滿意的分析可以說明見者何以存在。如果我們接著將可見之物定義為「可以被見者看見之物」，則又會令人難以明白何以可見之物會是勝義實有？同樣的推論也可用於眼根。

　　在此，月稱引用龍樹的《寶行王正論》（梵 *Ratnāvalī*）偈頌（4.55）如下：

以父母為因，汝說有子生；

如此緣眼色，說有識等生。[2]

　　在此，「色」（梵 rūpa）指可見之物（形色），而不是五蘊教理中的色蘊。根據「緣起」之教，識依賴根、境而生起（參見 S II.95-97）[3]。鑑於此教理，否認眼根在邏輯上導致的結果可於此時詳細說明。

【3.7】

由於能見的眼根和所見之物不存在，

「識」等四緣不存在。
如此一來，「取」等諸緣，
又如何會出現？

　　「四緣」是指十二支緣起中的識、觸、受、愛。在緣起法的定式中，這四支相續出現而導致「取」（梵 upādāna），也就是在情感上將「緣起」序列的種種要素視為己有的立場或態度。因此，【3.7】的論證是，就整體視覺經驗而言，在眼根不存在的情況下，和「苦」生起相關之擁有者的意識不可能存在。

【3.8】
　　對於能聽、嗅、嘗、觸與意，
　　以及聽聞者和所聽聞之聲等，
　　在此有關能見的眼根之解說，
　　當知皆可適用。

　　同樣的推論可運用於其餘五根，結果是【3.8】的結論擴及一切可能發生的經驗。龍樹將在其他章節採取相同的策略，也就是以一個例子為焦點，詳細論證，然後宣稱相同論證概括整個類別，例如第四、五、十九章。

---

(1) 斯多葛學派（the Stoics）持此見解：「一個人必須感知感官，以便藉由此感官感知外界事物。」參見 George Boys-Stones, "Physiognomy and Ancient Psychological Theory," in *Seeing the Face, Seeing the Soul: Polemon's Physiognomy from Classical Antiquity to Medieval Islam*, ed. Simon Swain (Oxford: Oxford University Press, 2007)，頁 84-85。

[2] 參見《大正藏》冊 32，頁 501b。

[3] 參見《相應部・因緣相應》第六十二經。關於識依根、境而生起的解說，詳見第四十四經（S II.73）：「依於眼與色生眼識，三之和合乃有觸，緣觸而有受，緣受而有愛，緣愛而有取，緣取而有有，緣有而有生，緣生而生老死、愁、悲、苦、憂、惱。此乃世間之集。」（《漢譯南傳大藏經》，相應部經典二，頁 87-88）

4

觀察「五蘊」

　　佛陀提出真實之本性的教說時，運用三大系統將現存的事物分門別類，「五蘊」的分類是其中第二大系統。此教理把一切現存的事物劃分為五個基本類別：（一）色（梵 rūpa；the corporeal or physical）──有形的或身體的部分 (1)；（二）受（梵 vedanā；feeling）──感覺；（三）想（梵 saṃjñā；perception）──感知；（四）行（梵 saṃskāra；volition）──意志；（五）識（梵 vijñāna；consciousness）。既然佛陀以「蘊」（梵 skandha）、處和界（梵 dhātu）的分類系統指導程度較高的弟子，阿毘達磨師便認為五蘊是勝義實有。龍樹在此章論辯，指出五蘊不可能是勝義真實的實體。他的論證以色蘊（梵 rūpa skandha）為例，然後在【4.7】將結論概括其餘諸蘊。第一個論證主張：色蘊與其成因「大種」（梵 mahābhūta，基本元素）無法各自獨立存在（這種相互依賴和因果的不對稱關係並不相容）。第二個論證是【1.5–6】所採用的「三時」推論。第三個論證主張：無論相似與否，兩個事物之間的因果關係無法成立。本章的論證概述如下：

【4.1】主張：（一）色蘊不異於其成因；（二）色蘊之因不異於色蘊。

【4.2】論證支持（一）。

【4.3】論證支持（二）。

【4.4】無論色蘊是否存在，皆無色蘊之成因。

【4.5】不能說色蘊是無因生。

【4.6】「果」與「因」既非相似，亦非不相似。

【4.7】以此論證概括其餘四蘊。

【4.8-9】辯護上述概括之論，以回應隱含的反駁。

【4.1】

　　　　若色離於色之「因」，

　　　　色則不可得。

　　　　若色之「因」離於色，

　　　　色之「因」則不可見。

　　　根據阿毘達磨教法，色蘊由五種外境所構成，此五種外境即色（指顏色與外形之狹義的「色」）、聲、香、味、觸，而地、水、火、風四大種（四種基本元素）被視為是這些成分的起因。這四大種以原子的形態出現，而且一種原子永遠有其餘三種元素中的任何一種原子伴隨出現。色等外境從未脫離這四種基本元素而獨立存在，就此意義而言，四大種被稱為色蘊的成因。因此，四大種是構成色蘊的可感知現象賴以存在的基礎，就因果關係而言，它們的作用可說是一種質料因（material cause）[2]。根據月稱的解釋，就【4.1ab】的主張而言，如果色蘊異於四大種，則色蘊不再是四大種的「果」，

正如布不是瓶的「果」；另一方面，就【4.1cd】的主張而言，如果無色蘊，則無一物可被稱為色之「因」。接下來，【4.2-6】將辯護【4.1】的這兩項主張。

【4.2】

> 如果色離於色之「因」，
> 則可推斷色是無因而生；
> 然而，沒有任何事物
> 是無因而生。

如果色蘊異於其成因──四大種，則色蘊可能脫離四大種而存在，但如此一來，則色蘊可不依賴四大種而獨立存在，一如布和瓶各自獨立存在。然而，布和瓶分別存在的事實適足以證明布不是瓶的「果」，所以色蘊就沒有成因。根據佛護的解釋，這將導致兩個荒謬的結論：（一）任何事物皆可能隨時產生；（二）為了產生結果而做的一切努力，都是徒勞無功的。

【4.3】

> 再者，如果離於色，
> 還會有色之「因」存在，
> 則其「因」就會成為無「果」之「因」；
> 但是，無「果」之「因」並不存在。

如果作為色之「因」的四大種異於色蘊，同樣也會導致荒謬的結論。說四大種與色蘊相異，等於是說它們各自獨立存在，一如鉢與瓶。但如果兩者各自獨立存在，則四大種就不會產生色蘊這個結果，而無「果」的成因是荒謬的，因為從本質上來說，有「因」必

有「果」。

【4.4】

> 如果色已經存在，
> 則色之「因」的存在便無法成立；
> 如果色不存在，
> 色之「因」的存在亦無法成立。

　　如果四大種是色蘊之「因」，則必須在色蘊已存在或尚未存在的情況下成為其「因」。但是當某事物 y 已存在時，另一事物 x 不可能是 y 的「因」，正如佛護的詰問所示，在此情況下，「因」有什麼用呢？另一方面，若「果」不存在，怎能稱某物為其「因」呢？現存事物不可能和非實有之物保持任何真實的關係，包括因果關係。此處的推論一如【1.5-6】。

【4.5】

> 然而，「色蘊無因而存在」之說，
> 也絕不能成立。
> 因此，我們不應該將任何概念
> 強置於色蘊之上。

　　鑒於【4.4】所言，自然會讓我們認為龍樹想要讀者推斷「色蘊無因」，但這種結論是不正確的，我們有充分的理由否認「色蘊無因」。若色蘊沒有任何成因，則會如《無畏論》所言，一切作為皆無意義。龍樹在【4.5】指出，我們可以否認「色蘊有因」，而不肯定「色蘊無因」。若有充分的理由同時否認「色蘊有因」與「色蘊無因」，或許我們對這兩項主張都不應該肯定（「我們不應該將任

何概念強置於色蘊之上」），應該轉而尋求導致此一自相矛盾情況的假設。這種假設有可能臆斷色蘊是勝義實有，是某種具有自性的事物。

【4.6】

> 如果說「果與因相似」，
> 這說法不能成立；
> 如果說「果與因不相似」
> 這說法也不能成立。

「果」與「因」是否相似的問題廣受印度哲學家討論。其中有些人堅稱「果」是全新且異於「因」而存在的事物，但他們很難解釋為何我們只能用陶土製瓶，而不能用牛乳（牛乳與瓶相異，一如陶土與瓶相異）。如果他們主張「果」永遠與「因」相似，或許有助於回答此問題。不過，也有「因與果不相似」的例子，如以液態的牛乳製成固態的凝乳。假設我們要針對色蘊和色之「因」提出同樣的問題，龍樹將之稱為「將概念強置於色蘊之上」的一個實例，這是他在【4.5】提醒我們應該避免的作法。色蘊和四大種彼此不相似，例如，月稱指出色蘊透過眼、耳、鼻、舌諸根而被認知，而四大種則是由身觸而被認知，所以不能說這是「果與因相似」的例子。但是即使「因」與「果」的確相似，光憑這點也不足以建立因果關係，相似的米粒之間並無互為因果的關係。另一方面，因果關係也不是不相似的關係，例如一粒米和涅槃不相似，但兩者都不是彼此的「因」。

【4.7】

> 整體而言，受、識、想蘊，

以及行蘊等，

一切現存的事物，

皆應以思惟色蘊的方式加以思惟。

　　本章到目前為止的論證在此概括其餘諸蘊。如月稱所言，「的確，當中觀派設法證明一法之空性時，〔即證明〕一切諸法之空性」（LVP，頁127）。反對色蘊實有的論證依賴有公認的色之「因」的存在，但如各家的注釋所示，一般公認受蘊等其餘四蘊皆依賴色蘊而生。如果色蘊並非勝義實有，則其餘四蘊亦然。

【4.8】

　　依據空性的破斥（refutation），

　　如果有人提出反駁（confutation），

　　結果必不能構成反駁，

　　因為對此人而言，一切都是假設性的推斷。

【4.9】

　　依據空性的解釋，

　　如果有人提出詰難，

　　結果必不能構成詰難，

　　因為對此人而言，一切都是假設性的推斷。

　　根據月稱的注釋，此處論敵認為對於色蘊的破斥，可以藉由主張受蘊等的勝義實有而予以回應或反駁。論敵這種推論策略的問題正是忽略【4.7】的訓誡──削弱「色蘊為勝義實有」的推論，同樣適用於其餘四蘊。既然削弱色蘊勝義實有的論證同樣適用於其餘諸蘊，就要由論敵來證明諸蘊何以是真實的，這點不能僅憑臆斷而成立，否則就犯了邏輯上通稱「假設性推斷」（begging the question）

的謬論，亦即斷然認定需要被證明的爭論點。

　　這是中觀方法論的一大要點，龍樹從未舉出可被視為空性的決定性證據的論證，而是針對堅持有「不空」（事物具有自性）的事物存在的論敵，去破斥他們特定的見解。因此，他的策略取決於認為有特定破斥策略可應用於其他情況的論敵。當此論敵面對「色蘊實有」的論點被破斥時，只是拍案堅稱受蘊等的真實性證明「諸蘊實有」，這樣的作法，並未善盡他們做為參與哲學論辯者的職責。

----

(1) 梵語「rūpa」通常譯為「形體」（form），但此處這個譯詞可能有誤導之嫌，因為色蘊包含五種外在感官的對境，以其中的香（氣味）、味（味道）為例，是沒有「形體」或外形的。

[2] 亞理斯多德將「原因」分為四種，包括質料因（material cause）、形式因（formal cause）、推動因（efficient cause）與目的因（final cause），稱為「四因說」。「質料因」是指某種事物從它構成且存在於該物內的元素，例如造屋所用的建材。

觀察「六界」

　　阿毘達磨認定的三大實有分析系統中，最後一種是「界」的分類，包含十八個類別，亦即十二處加上根、境相觸造成的六識。不過，本章探討的六界是「界」分類的一種變體，包括地、水、火、風、虛空、識（參見 M III.237）[1]，其中「虛空」是本章論辯的主題，但龍樹也表明同樣的論證概括其餘諸界。論證焦點在於「虛空」這個實體和此實體的「相」（梵 lakṣaṇa；defining characteristic）之間的關係。本章的論證概述如下：

【5.1ab】主張：在虛空相存在之前，虛空並不存在。

【5.1cd-2】論證支持上述主張。

【5.3】破斥虛空相。

【5.4-5】邏輯上必然導致對持有虛空相者（梵 lakṣya；bearer，「相」所表徵之體）、虛空相和現存實體的破斥。

【5.6】邏輯上必然導致對不存在的實體，以及既存在且不存在實體的破斥。

【5.7】論證摘要，以及概括其餘諸界。

【5.8】破斥在解脫上的重要性。

【5.1】

> 在有虛空相之前，
> 任何虛空都不存在。
> 如果虛空相之前，有虛空存在，
> 必可推斷某一事物存在而無其相。

　　虛空是「界」分類中的一項，阿毘達磨師視之為勝義實有。換句話說，虛空必定有其自性，亦即此章所謂的「相」。一般認為虛空相是無礙性（nonresistance）：如果書桌和牆壁之間有空間（虛空），我們即可在此空間放置物品而不受空間阻礙。龍樹考察的主題是虛空和虛空相之間的關係，既然兩者（透過「相」的關係）而產生關連，自然不免有此兩者何以如此關連的疑問。那是指虛空（作為持有虛空相者）本身空無一物，缺乏「相」嗎？如果持此觀點，則持有虛空相者──以無礙性為「相」而成為（無礙之）虛空的某種事物──即是無相的基質（substrate）。龍樹駁回此觀點，理由是這需要有無相事物的存在。

【5.2】

> 世上根本找不到
> 任何無相的現存事物。
> 既然無相的現存事物非實有，
> 則「相」在何處起作用？

　　各家的注釋皆未提出論證支持「不可能有無相的現存事物」這項主張，但這點無庸置疑，因為對於論敵阿毘達磨師而言，顯然實有物必有其獨特的自性。不過，對於我們而言，似乎還是能夠理解某個東西原本空空如也，後來呈現它的「相」所賦予它的自性。然而，如果我們這麼想，豈不是正在暗地裡為這個「相」的持有者賦予一個「空無一物」（bare-stuffness）的「相」？這就表示「無相之持有相者」（character-less bearer）的想法其實是前後矛盾的。

【5.3】

> 無論持有相者是有相的或無相的，
> 「相」皆不起作用。
> 除了有相處或無相處，
> 在其他任何地方，「相」皆無作用。

　　「相」的作用是賦予持有此相者特徵，以「虛空」為例，虛空相的作用是讓虛空成為無礙性的事物。這種作用的先決條件是要有持有此相者的存在，而且（在「相」起作用之前）此相的持有者本身若非是無相的，即是有相的。既然沒有無相的虛空，則第一種可能性被排除。至於第二種可能，月稱指出兩個問題：

　　一、「相」是多餘的。既然虛空這個持有相者已有「相」，何必還要另一事物讓它成為本來就如此存在的事物？

　　二、造成無窮後退的結果。要解釋「無礙」（譯按：指第一個「無礙」）如何作用而成為虛空的特徵，我們假設虛空已有「相」——無礙（譯按：指第二個「無礙」）。但此時我們可以針對（第二個）無礙提出同樣的問題：以（第二個）無礙為特徵而持有此相者是無相，還是有相？前者已被排除，但若答案是後者，表示我們必須提出另一個無礙（譯按：指第三個「無礙」）。如此無窮後退，將永

無止盡。

【5.4】

　　如果無「相」的作用，

　　則有「相」的持有相者並不成立；

　　如果有「相」的持有相者不成立，

　　「相」也同樣不可能存在。

【5.5】

　　因此，有「相」的持有相者不存在，

　　「相」也不存在。

　　當然，既無持有相者亦無「相」的現存事物，

　　是絕對不存在的。

　　虛空不可能是勝義實有之物，因為無論作為持有相者的虛空或作為「相」的無礙性都說不通。

【5.6】

　　如果現存事物非實有，

　　那麼，終歸於無（不存在）的是什麼？

　　存在與不存在是相互矛盾的屬性，

　　無論事物存在或不存在，認知此事物者又是誰？

　　否認虛空是現存事物，不等於肯定它不存在。要斷言虛空不存在，必須能夠說出虛空為何物。如佛護所言：「是什麼現存的事物不存在呢？」（P，頁 93）。此外，到目前為止的論證，大意是我們無法說出勝義實有的虛空是什麼。再者，除了虛空存在和虛空不存在這兩種說法之外，沒有第三種可能。因此，顯然沒有任何關於

虛空的陳述是勝義諦。

雖然各家的注釋皆未提及，但此處有一個含意值得提出。中觀派的論敵通常主張，中觀的空性論會導致「任何事物都不存在」的荒謬結論，這是「形上學的斷滅論」（metaphysical nihilism）。本章的論證是「虛空非勝義實有」，如果這項論證可以概括其他主題，則似乎可以導出「無任何假定的現存事物可以說是勝義實有」的結論，也似乎證實了論敵對於「形上學斷滅論」的反對。但是所謂「形上學斷滅論」，意指「一切假定存在的事物在勝義上不存在」的教理，如果【5.6】的論證是正確的，那麼，此斷滅論還可能為真嗎？

【5.7】

> 因此，虛空不是現存的事物，亦非不存在的事物，
> 它不是持有相者，也確實不是「相」。
> 其餘五界，
> 皆等同於虛空。

同樣的論證也可用以概括地、水、火、風、識等其餘五界。

【5.8】

> 然而，智力淺薄者
> 以為有存在和不存在的事物，
> 他們不能見到
> 一切所見之物的善止息。

根據《無畏論》的解釋，所謂「善止息」（auspicious cessation），即是指涅槃，也就是戲論（概念實體化）的止息。我們顯然可藉此獲得以下的結論：凡尋求涅槃者，應該停止對勝義實有的渴求。請

注意，這不是因為我們的智力被無明所蒙蔽，無法領悟勝義的真實性，而似乎是因為「真實的勝義自性」這個想法是前後矛盾的。

---

[1] 參見《界分別經》（*Dhātuvibhaṅga-sutta*）：「如是言：『比丘！此人有六界。』而此緣何而言？有地界、水界、火界、風界、空界、識界。如是言：『比丘！此人有六界。』彼乃緣此而言。」（《漢譯南傳大藏經》，中部經典四，頁 249）

6

觀察「貪染」與「貪染者」

　　本章的主題是狀態（例如貪染）和這種狀態的持有者或主體（例如貪染者）之間的關係。許多人認為「狀態」無法存在，除非擁有此狀態者也存在，舉例而言，如果沒有貪染發生之處（貪染的主體），則不可能有貪染。本章探討的問題是，狀態和主體之間的關係是否有任何前後一貫的描述。所謂「貪染者」，我們通常認為是某個人，但是對於阿毘達磨師而言，「人」不是勝義實有。龍樹將在【6.10】以貪染和貪染者的相關論證，來概括一切諸法或勝義實有之物。因此，我們應該理解本章的論證是關於所有狀態和其主體之間的關係，其中的貪染和貪染者只是作為說明的例證。

　　論證的鋪陳方式，是檢視主體和狀態之間一切可能存在的時間關係：主體存在於狀態之前、狀態存在於主體之前，以及主體和狀態同時生起。最後這種可能性是一般人所接受的觀點，因此在論證中獲得最多的關注。反駁此觀點的論證是基於「同時而起的實體若非同一，即是完全相異」的假設。本章的論證概述如下：

【6.1-2ab】破斥貪染，其根據的假設是貪染者存在於貪染之前和之後。

【6.2cd】破斥貪染者，其根據的假設是貪染存在於貪染者之前和之後。

【6.3】主張：貪染者和貪染無法同時而起。

【6.4-9】論證支持上述主張，其根據的理由是同時而起的實體，若不是同一的，則是相異的。

【6.10】論證的摘要與歸納。

【6.1】

> 如果於貪染之前，
> 離於貪染的貪染者就已存在，
> 則貪染必依於貪染者，
> 既有貪染者，貪染隨即存在。

　　狀態和主體若非一同生起，就是先後發生。如果主體出現在狀態之前，則兩者相異，且狀態的出現取決於主體。但是，「貪染依於離染者」的想法很荒謬，因為如此一來，貪染和貪染者的本質互相矛盾（月稱舉出在本質上離於貪愛的阿羅漢為例）。若要推測有一個主體從無貪染變成有貪染，我們必須在概念上建構一個持續存在之物，它的各部分具有明顯的差異。例如，有一部分存在於貪欲生起前，有一部分在貪欲已生起時才出現。此時，我們思惟的事物就不再是阿毘達磨所認定的勝義實有物。

【6.2】

> 但是如果根本無有貪染者，
> 貪染本身最後該如何出現？

無論貪染存在或不存在，
對於貪染者也應有相同的觀察。

另一方面，推測依於貪染所在之處而生起的貪染，可以存在於無貪染者的情況下，這也很荒謬。這是【6.2ab】的意思。根據月稱的注釋，龍樹在【6.2cd】回應某個論敵的質疑，此論敵指出，論證到目前為止只是反駁貪染的存在，並未反駁貪染的持有者。其論證的內容如下：無論主體存在與否，貪染皆不可能生起。這並未顯示主體不存在，而且如果我們說有貪染的持有者，也必得說有貪染的存在，所以這個難題即可解決。因此，龍樹回答，他在【6.1】和【6.2ab】用以反駁貪染的分析，也可用於貪染的主體，也就是可以證明無論貪染存在與否，主體皆無法存在，因為如果貪染的存在先於持有貪染者，則貪染會在未發生此狀態的地點出現，這是荒謬的。此外，如果無有貪染，如何會有貪染者呢？

【6.3】

再者，貪染和貪染者同時而起，
這是不可能發生的。
因為如此一來，貪染和貪染者兩者，
必定彼此各自獨立存在。

到目前為止，我們已思考貪染與貪染者先後生起的可能性。現在假設另外有人說狀態和主體一同生起，這種說法可能被視為依止於互為因果的關係——在此關係中，雙方相互依賴。但是這種說法大有問題，首先，如果說狀態與主體「同時而起」（梵 sahabhāva，共俱），則它們必須被視為兩個獨立存在的相異事物。【6.4ab】詳細說明何以有此事實。

【6.4】

　　如果有〔狀態與主體的〕合一，則無同時而起，

　　伴隨一物同時而起者不存在；

　　如果〔狀態與主體〕相異，

　　如何還會同時而起？

　　「同時而起」意指兩個事物同時存在（這是因果關係的一大要素），但此時狀態和主體必須是同一的或相異的兩種情況之一。假設狀態與主體實為一物（也許是一體兩面），我們就不能說兩者之間同時而起，因為需要有相異的兩者才可相伴而起。龍樹接著主張，同時而起和兩個相異之物的存在，也同樣不相容，原因將披露於【6.5-9】。

【6.5】

　　如果在合一的情況下同時而起，

　　則缺少其中一個關係項（relatum），依然可能同時而起；

　　如果在相異的情況下同時而起，

　　則缺少其中一個關係項，也同樣可能同時而起。

　　假設 x 與 y 有同時而起的關係，則必為以下兩種情形之一：（一）x 與 y 其實是同一物（合一的情況）；（二）x 與 y 是相異的事物。若 x 與 y 果真是同一物，則兩者同時而起的情況，實際上只是 x 這一個事物的同時而起。但「同時而起」是一種二元關係——兩事物之間的關係，某一物與其自身維持這種關係的說法是很荒謬的。相反地，如果 x 與 y 果真是相異的，則彼此皆可獨立出現，不與對方和合。而且如果「與 y 同時而起」的確是 x 的狀態之一，那麼當 x 獨立出現而不與 y 和合時，也應該處於「與 y 同時而起」的狀態，

但這是荒謬的。

【6.6】

　　再者，在相異的情況下，如果同時而起，
　　貪染與貪染者彼此互異的說法，如何能成立？
　　且基於彼此相異，
　　貪染和貪染者如何同時而起？

　　月稱以牛、馬為例，說明可能同時而起的兩個事物。但正因為
牠們彼此可不依賴對方而出現，所以是兩個相異之物。他表示，貪
染和貪染者並非各自獨立存在，所以，不能說貪染、貪染者同時而
起。

【6.7】

　　或者，假設貪染和貪染者
　　兩者的相異已成立，
　　那麼，你認定兩者之間存在著同時而起，
　　這又具有何種意義呢？

【6.8】

　　你說兩者相異是不成立的，
　　於是才要說兩者是同時而起的，
　　〔但是〕你卻為了證明兩者同時而起，
　　而假設兩者是相異的。

　　要說這兩者同時而起，首先必得證明它們是各自獨立且相異的
現存事物。但如此一來，卻使兩者的同時而起因此站不住腳。

【6.9】

　　此外，如果兩者相異不成立，

　　則兩者同時而起也不可能成立。

　　如果此兩者相異，

　　那麼，在你的假設中，同時而起發生於其中的哪一個？

【6.10】

　　如此確立貪染與貪染者

　　是不合亦不離的。

　　一切諸法盡如貪染，

　　皆確立為不合亦不離。

　　換句話說，有人認為貪染依賴貪染生起之處（貪染者），但對於這點卻無前後一貫、條理分明的描述；同樣地，對於依賴其他事物的存在而出現的實有特徵（features of reality），也無前後連貫的陳述。請注意，這並不表示狀態與其發生之處（主體）實際上是一體的，而是表示無論依存關係發生於何處，兩個關係項都不能被視為勝義實有。

7

觀察「有為法」(1)

　　據稱一切諸法皆是有為法（conditioned），亦即諸法依待其他因素而存在。就此意義而論，有為法以「生」（origination）、「住」（duration）、「滅」（cessation）為特徵或「相」。（參見 AKB 2.46，探討有為法是否有第四項特徵「異」〔aging〕。）此外，據稱「它們是有為法」本身是可觀察的現象，因此嚴格說來也是有為法（參見 A I.152；S III.37）[2]。在阿毘達磨師之間，對於應如何詮釋這一點仍留有爭議，有些人認為這表示每個有為法皆有其他三法，代表這個有為法的「生」、「住」、「滅」。接著就產生以下的問題：這些「生」、「住」、「滅」法是否也各自有其他三法呢？龍樹的論證即以此問題開始，但這引起更大的問題，也就是我們應該如何理解「現存事物受緣起支配」的主張。既然「緣起」教理是佛陀教法的核心，如果某個佛弟子堅持某個事物，便將引發人們對於緣起實有的懷疑，看來就似乎大有問題了。

　　本章大部分致力於反駁「生」是勝義實有的論證，其他部分則是反駁「住」和「滅」的類似論證。對於「生」的考察始於一個要點：如果「生」是勝義實有，則必然是以下兩者之一：「生」是有為法，

或「生」是無為法。由於第一個選項看似較為合理，因此探究讓它成立的種種觀點，包括「實有『生』的生起」，以及「『生』是自反的（『生』可自生，也可產生其他事物）」。本章的論證概述如下：

【7.1-3】問題概述。
【7.1】難題（一）：「生」本身是有為法，或是無為法。
【7.2】難題（二）：「生」、「住」、「滅」三者是同時發生，或先後發生。
【7.3】難題（三）：「生」或以「生」、「住」、「滅」為特徵，或不以「生」、「住」、「滅」為特徵。如果是前者，則是無窮後退論證；如果是後者，則「生」並無「生」、「住」、「滅」。
【7.4-21】破斥「生」。
　　　　【7.4】論敵：「生」（譯按：第二個「生」）產生「生」（第一個「生」），「生」（第一個「生」）進而產生「生」（第二個「生」）。
　　　　【7.5-7】破斥論敵的論題。
　　　　【7.8】論敵：「生」是自反的，一如燈火能自照。
　　　　【7.9-12】破斥「燈火」的例證。
　　　　【7.13】破斥「『生』是自反的」的論題。
　　　　【7.14-21】其他反駁「生」的論證。
【7.22-25】破斥「住」的類似論證。
【7.26-32】破斥「滅」的類似論證。
【7.33-34】結論：既然「生」、「住」、「滅」不存在，則有為法和無為法皆不可能存在；「生」等三相皆是虛妄的表象。

【7.1】

如果「生」是有為法，

則「生」應有〔生、住、滅〕三相；

但是，如果「生」是無為法，

如何作為有為法的「相」？

假設「生」是有為法，如果一切有為法皆以「生」、「住」、「滅」三相為特徵，則「生」本身必定也有「生」、「住」、「滅」。根據《無畏論》，這種說法必須駁回，因為會導致無窮後退的推論：「生」的「生」也同樣有其「生」、「住」、「滅」，以此類推，無窮無盡。月稱則認為問題在於原來被視為諸法的一個特徵，如此一來，卻成了以「生」等三相為特徵的另一法，但「相」如何能以自身為「相」呢？（依照月稱的解讀，無窮後退的問題稍後才出現，那是因為論敵試圖迴避此一難題所造成的結果。）相反地，如果我們假設「生」是無為法，則「生」必然是恆常的，在此情況下，也難以主張無常的有為法是以「生」為特徵（相）。

【7.2】

如果「生」等三相各自獨立生起，

則它們無法作為有為法的「相」；

如果此三相共同生起，

則它們如何同時存在於同一處？

當三相賦予有為法特徵時，它們是各別出現，還是同時出現？若是各別出現，則「生」獨立於「住」、「滅」之外而出現，所以「生」是不住的（不持續存在），也是不滅的，以容納「住」、「滅」。同樣的論證也適用於「住」和「滅」。因此，三相無法發揮作用，以使有為法成為無常之法。然而，如果三相同時生起，則「生」和「滅」將同時存在，

但這很荒謬，因為兩者本質相違。

【7.3】

> 如果「生」、「住」、「滅」
> 具有另一組有為法之相〔即「生」等三相〕，
> 則會成為無窮後退；
> 否則，「生」、「住」、「滅」即非有為法。

　　為了避免【7.2】的問題，論敵或許提出有為法的「生」本身也有「生」（「住」、「滅」依此類推）。假設有為法的「生」本身也是有為的，既是有為法，它必有自己的「生」、「住」、「滅」，但同樣的推論也適用於生相的「生」、「住」、「滅」等，如此將有無窮後退的推論。相反地，假設「生」等三相並非有為的，那麼，便是恆常的。正因為虛空是無為的，所以（有些阿毘達磨師）便將之視為是恆常的，如此一來，有為法的「生」將永遠持續，「住」與「滅」也是如此。再者，恆常的無為法何以能成為無常的有為法之特徵？這點也讓人難以理解。

【7.4】

> 〔論敵說：〕
> 「生生」只是
> 「本生」所擁有的「生」；
> 「本生」又可以
> 產生「生生」。

　　論敵提出兩種不同的「生」：（一）「本（梵 maula；primary）生」——一法的生起；（二）「生生」（the origination of origination）——產生「本生」者。當我們質問是什麼引起「生生」時（如【7.3】），為了

避免落入因此導致的無窮後退推論，論敵宣稱「生生」源於「本生」。

【7.5】

〔論主回應：〕
如果你所謂的「生生」
能產生「本生」，
那麼，你所謂的此（生生），
非「本生」所產生，怎會產生彼〔本生〕？

換句話說，「生生」本身如何生起？如果產生「本生」的是「生生」，那麼，它既是有為法，必然也會生起。「生生」的生起如何發生？假設論敵回答：「生生」的生起源於「本生」，龍樹回應如下：

【7.6】

若如你所說，「生生」為「本生」所生，
而此「生生」又產生「本生」，
則「本生」還未由彼〔生生〕所生時；
「本生」如何產生彼〔生生〕？

此頌的問題是，想像中產生「本生」的「生生」，它本身如何生起？既然「生生」產生「本生」，則「本生」不可能產生「生生」，否則就成為循環論證。根據月稱的解釋：「如果『本生』所生的『生』（生生）能產生『本生』，那麼，『生生』產生的那個『本生』〔直到此刻〕仍非實有，怎會產生『生生』？因此，『現前由本生產生的生生產生本生』的說法並不正確。於是，因為並無彼此互為因果的關係，確實會導致無窮後退的荒謬結論。所以，『生』根本不存在。」（LVP，頁150）。

【7.7】

> 假設如你所說的此〔本生〕在生起時，
> 確實會獨自導致彼〔生生〕的生起，
> 如果你這麼說，則雖然此未被生起，
> 卻可導致彼的生起。

此頌詳細解釋互為因果的難題。如果正當「生生」產生「本生」時，「本生」會產生「生生」，則「本生」必得在它本身出現之前能夠產生某物。但這顯然不可能。於是，論敵將繼續變換策略。

【7.8】

> 〔論敵說：〕
> 如同燈火能照亮
> 自身與他物，
> 「生」也同樣能引生
> 自身與他者。

此時，論敵捨棄了除了「本生」之外另有「生生」的觀點，另外提出以下假設：正如燈火能照亮自身與其他事物，「生」同樣能產生自身和正在生起的他法。如想像中「自燒的火」的例子，此頌有關「燈」的例子，是疑似針對「反自反性」原理的另一反例。隨後對此假設的討論，會比【3.3】以「火」為例的相關討論更為透徹。龍樹在《迴諍論》第三十四至三十九頌對於「燈能自照」的主張有類似的論述。[3]

【7.9】

> 〔論主回應：〕

於燈火中無有黑暗，

於燈火所在之處也無有黑暗，

此燈火照亮什麼呢？

事實上，「照亮」即是破除黑暗。

「照亮」即是破除黑暗，無論在燈火本身或燈火所處的空間，皆無黑暗。因此，不能說燈火被照亮。

【7.10】

如果正在生起的燈火

未觸及黑暗，

那麼，此正在生起的燈火，

又如何破除黑暗？

或許有人會說，燈火在生起之時破除黑暗，而且當燈火生起時，燈火所在之處有黑暗，因此，【7.9】指出的問題得以解決。龍樹對此回應：正當燈火生起時，同樣沒有黑暗。佛護、清辨和月稱對此有一致的解釋，認為光明與黑暗的特性是相互矛盾的，所以，兩者不可能同時存在一處。但是，欲使一物破除另一物，此兩者就必須相觸，而相觸則需要此兩者並存於一處。

【7.11】

或者，如果燈火未觸及黑暗，

而燈火能破除黑暗，

則此處的彼〔燈火〕，

將破除遍及全世界的黑暗。

剩下唯一的選項是燈火不需要觸及黑暗，即可予以破除，這可以解釋燈火正在生起時如何破除黑暗。但是這種說法導致「一燈將可照亮全世界」的荒謬結論。《無畏論》說：「因為不相觸的情況是一樣的。破除了燈火所在之處的黑暗和位於全世界的黑暗，這兩者之間有何不同？」（P，頁120）

【7.12】

> 如同燈火能照亮
> 自身與他物，
> 則黑暗也必然能遮蔽
> 自身與他物。

黑暗不僅遮蔽自身，也能遮蔽其他事物嗎？那麼，黑暗將永遠無法被看見。但是如果我們說燈火能照自身，似乎也得承認關於「黑暗」的這項陳述。

【7.13】

> 此「生」如果尚未被生起，
> 如何能自生？
> 如果你說〔它〕既已被生起，而後又〔自〕生，
> 那麼，它如何能再次被產生？

欲使某物能「生」，此物必定已經存在；但欲使此物存在，它必定已經被生起。因此，為了自生，它在已經被產生之後，必須讓自身被產生，因此「再次被產生」。

此時焦點轉向「生導致相異者生起」的主張。隨之而來的問題是，此相異者是已生、未生或正在生起之物？

【7.14】

> 現在生、已生或未生者
> 絕對無法被生起，
> 理由如同〔第二章〕對「現在去」、
> 「已去」和「未去」的解釋。

　　如第二章詳述的「三時」論證也適用於此。「生」無法發生於已生者，也不能發生於未生者，而且也沒有現在正在生起的第三種狀態。

　　根據月稱的注釋，論敵下一步將提出「生」的行動（參見論敵在【2.2】所採取的類似舉動）：「被生起者的確是現在生，不是已生，也不是未生。你認為不可能有異於『已生』和『未生』的『現在生』，因此現在生起者不被生起，但你的這種看法是錯誤的。因為『現在生』與『生』的行動有關，而被指稱為『現在生』，是由於『現在生』的成立必須依賴『生』的行動，所以，凡有『生』的行動之處，被產生的是『現在生』，而且由『生』產生這個『現在生』。」（LVP，頁 158）。

　　龍樹對此的回應如【7.15】。

【7.15】

> 因為「現在生」的出現，
> 並非隨著「生」的行動而出現，
> 為何還說「現在生」的出現，
> 是依賴「生」的行動？

　　如佛護的解讀，此頌的論證是，論敵的策略要奏效，必須要說明「現在生」（例如一塊布現在生起）如何在依賴「生」的行動的情況下，成為獨特的個體。但問題是，布的現在生起和生起的行動是無法區分

的，有此即有彼，不可劃分。因此，不能說布的現前生起是依賴「生」的行動。既然如此，我們又回到【7.14】的問題，亦即布的「現在生」不存在，所以不能說「現在生」是被生起者。

在這一論點上，各家的注釋都認為此時論敵一針見血地反駁：如果你否定「生」，則必定否定緣起，也就是佛法的核心：「此有時即彼有，此生時即彼生；此無時即彼無，此滅時即彼滅。」（M III.63）[4] 簡而言之，中觀派是斷滅論者。於是龍樹回應：

【7.16】

> 凡是依因待緣而存在者，
> 皆無有自性。
> 因此，「現在生」並無〔自性〕，
> 「生」的行動亦復如是。

月稱認為龍樹扭轉局勢，轉而指出與佛陀的緣起教理衝突的是論敵的見解，而不是中觀派，因為大家公認凡勝義實有者必有自性：「實有的實體有自性，總是以自身的本質擁有其自性。由於是實有，此實體不依賴其他任何事物，也並非被產生的。」（LVP，頁160）。然而，這表示勝義實有者不可能是依因待緣而生，而「現在生」和「生」的行動勢必得依賴其他事物而生起。因此，「『現在生』和『生』的行動是勝義實有」的主張與佛陀的緣起教理相違。

中觀派認為，緣起教理應該有兩種理解方式：（一）若視之為世俗諦，則緣起法適用於瓶、布等依賴眾多因緣而生起之物；（二）然而，若視之為勝義諦，則緣起法開顯的是未曾有任何勝義實有之物生起。（參見【1.1】；此外，【24.18】主張：凡緣起者必定是空。）論敵理解的只是緣起的世俗義，而無法體會更深層的空性真諦——一切事物皆「無自性」的真理。

【7.17】

如果某種未生的實體存在於某處，

則此實體可被生起；

但是，如果它已經存在，

那麼，被生起的又是什麼？

若要對某個對象展開行動，此對象必定已經存在。所以，要對瓶之類的事物做出「生起」的行動，作為對象的瓶必然已經存在。此處思惟的假設是對象具有某種存在狀態：它存在的狀態是目前為止尚未生起的實體（as-yet-unoriginated entity）（雖然各家的注釋在此都未提及任何一個派別，但說一切有部的確持此觀點）。但是，如果瓶具有這種奇特如幻影般的未來存在狀態，則不能說它經歷生起的過程，因為「生起」是指先前不存在之物現在開始存在。

【7.18】

此外，如果此「生」

能夠產生「現在生」，

那麼，接著又是哪一個「生」

來產生這個「生」？

【7.19】

如果另一個「生」是產生彼〔現在生〕者，

則會成為無窮後退；

相反地，如果被產生者並無另一個「生」，

則一切應該同樣地被產生。

如果「現在生」需要另一個「生」來解釋，則隨即有無窮後退之過。相反地，如果不需要另一個「生」，則現在產生的「生」就會沒有起因，

這表示任何事物皆可在任何時刻被產生。

【7.20】

> 無論對於存在、不存在，
> 或既存在且不存在的事物，
> 皆不應說有「生」的行動——
> 這點先前已解釋。

此點前文已說明。參見【1.6–7】的論證。

【7.21】

> 正在「滅」的實體現在正在「生」，
> 這說法不能成立；
> 但是，有不滅的實體存在，
> 這說法也不能成立。

正當實體滅時，不可能有「生」的行動。如《無畏論》所言，正在「生」和正在「滅」的屬性相互矛盾，所以不可能是同一事物的屬性。因此，「生」的行動必得發生在「滅」不存在的時刻，亦即此實體免除無常性之時。此外，根據月稱的解說，沒有異於過去和未來的現在這一刻。

此時，論證轉而針對有為法三相中的第二個特徵「住」。接著在【7.26-32】，所破斥的主題是「滅」。

【7.22】

> 「已住」的實體現在不住，
> 「未住」的實體現在不住，

「現在住」的實體現在不住，

此外，哪有不生的實體是「現在住」呢？

現存的事物由於存在，已經持續一段時間。此一已住的現存事物不以住相為特徵，因為住相在已住的事物上能發揮什麼作用？如佛護所說，主張現存事物是由於觸及「住」而住，這即是提出第二住（這種說法有導致無窮後退之虞）。尚未持續存在或「未住」的事物同樣不以住相為特徵，因為「住」和「未住」兩者是互相矛盾的屬性。至於第三種可能，事實上並無「現在住」這回事，在任何時刻，事物若非「已住」，即是「未住」。此外，既然現存事物皆無常，一切事物必定在某個時刻生起，因而不可能有不生的實有物。所以，不生者不可能是持續存在者或住者。

【7.23】

正在「滅」的實體現在正在「住」，

這說法不能成立；

但是，有不滅的實體存在，

這說法也不能成立。

【7.24】

既然一切實體

總是以「老」、「死」為相，

則什麼實體

能持續安住而無「老」、「死」？

【7.23】、【7.24】的論證類似【7.21】。「老」、「死」或許可以解讀為「滅」特有的具體情況。

【7.25】

「住住」是藉由另一個「住」或藉由它自身而住，
這兩種說法並不正確；
如同「生生」並非藉由自身，
亦非藉由另一個「生」而生。

參見【7.4-13】反駁「生生」的論證。

【7.26】

尚未滅者現在不滅，
已滅者現在也不滅，
現在滅者亦復如是，
此外，哪有不生的事物會「現在滅」呢？

此頌論證和【7.22】相同。

【7.27】

正如現在正在「住」的實體正在「滅」，
這說法不能成立，
現在不住〔亦即不存在〕的實體正在「滅」，
這說法也同樣不能成立。

此處論證類似【7.23】。「滅」一定是存在且持續之物的特徵，但住相和滅相兩者是互相矛盾的。

【7.28】

一個特定狀態的「滅」，

不是藉由這個狀態本身而滅；

一個特定狀態的「滅」，

也不是藉由某個相異的狀態而滅。

　　第一個可能性被排除是由於「反自反性」原理。此外，這個可能性成立的先決條件是，目前所討論的實體同時存在（以便引起某個事物的存在）且不存在（因為「滅」造成的結果是不存在），但這顯然不可能，所以，此一可能性不成立。第二個可能性則需要我們假想，當牛奶由於變成酪乳而「滅」時，導致牛奶「滅」的是酪乳。此處的問題是，既然酪乳存在時牛奶不復存在，酪乳不可能導致牛奶的「滅」。

【7.29】

如同任何一法的「生」，

不可能成立，

任何一法的「滅」，

也不可能成立。

　　如前所示，勝義實有之物的「生」絕對不可能存在，而且如果實有之物有「生」，則它必是被產生的。因此，自然導致無任何勝義實有之物有滅相的結論。

【7.30】

一方面，存在的實體正在「滅」，

這說法不能成立。

因為某個事物

不能既存在且不存在。

【7.31】

　　另一方面，不存在的實體正在「滅」，
　　這說法也不能成立。
　　正如砍斷第二顆頭，
　　是絕對無有之事。

　　說現存事物滅去，等於是說目前存在的實體並不存在，那麼，這個既存在又不存在的實體究竟是什麼？不過，不存在的事物同樣不可能滅去，因為「滅」會讓某事物不存在，而致使本已不存在之物不存在，實在是多此一舉。對於這點，我們還可補充：既存在且不存在之物不可能有滅相，既不存在且非不存在之物也是如此。

【7.32】

　　「滅滅」的出現不是藉由自身，
　　亦非藉由另一個「滅」而滅，
　　正如「生生」不是藉由自身，
　　亦非藉由另一個「生」而生。

　　「滅」必由自身而滅，以免此「滅」會延續不斷。而什麼能讓它滅去呢？讓牛奶的「滅」停止存在的，不可能是這個「滅」本身。但是，如果有一個相異的「滅」讓此「滅」停止存在，則是無窮後退論證的開端。

【7.33】

　　既然「生」、「住」、「滅」皆不能成立，
　　則有為法不存在；
　　既然有為法不能成立，

無為法如何能成立呢？

有為法必須經歷「生」、「住」、「滅」，既然此三相皆不合理，我們必須作出「有為法不存在」的結論。不過，根據龍樹的觀點，我們不應該依此論證而斷定「勝義實有者必是無為法」，因為唯有在能夠解釋事物何以是有為法的情況下，我們才能說無為法，但本章從一開始至此的要旨，皆顯示我們無法解釋有為法。此頌的推論類似【5.6】。

【7.34】

> 如夢境，如幻相，
> 亦如乾闥婆城，
> 「生」、「住」、「滅」三相
> 可說亦如是。

乾闥婆（梵 gandharva）是一種神話裡的眾生，據說住在空中。「乾闥婆城」是一種慣用的譬喻，意指海市蜃樓或幻相。

---

(1) 我們一如既往採用《明句論》（LVP）的章題（《無畏論》此章亦採用相同章題），但葉少勇（2011，頁 107）將章題更正為〈生、住、滅之考察〉，和佛護與清辨注釋的章題相同。

[2] 參見《增支部・三集・小品》第四十七經（A I.152）：「諸比丘！此等三者，是有為之有為相。云何為三有為相耶？知生，知滅，知住之異。諸比丘！此等三者，是有為之有為相。」（《漢譯南傳大藏經》，增支部經典一，頁 220）《相應部・蘊相應》第三十七經（S III.37）：「阿難！於色，知生、知滅、知住之異。於受……於想……於行……於識，知生、知滅、知住之異。阿難！於此等法，知生、知滅、知住之異。」（《漢譯南傳大藏經》，相應部經典三，頁 56）

[3] 《迴諍論》第三十四頌：「猶如火明故，能自照照他，彼量亦如是，自他二俱成。」第三十五頌：「汝語言有過，非是火自照，以彼不相應，如見闇中瓶。」第三十六頌：「又若汝説言，火能自他照，如火能燒他，何故不自燒。」第三十七頌：「又若汝説言，火能自他照，闇亦應如是，自他二俱覆。」第三十八頌：「於火中無闇，何處自他住，彼闇能殺明，火云何有明。」第三十九頌：「如是火生時，即生時能照，火生即到闇，義則不相應。」（《大正藏》，冊 32，頁 14b）

[4] 出自《多界經》（*Bahudhātuka-sutta*, M III.63），《漢譯南傳大藏經》，中部經典四，頁 44。

8

觀察「對象」與「作者」

　　所謂「作者」（梵 kartṛ / kāraka；agent），在此代表針對某個目標以展開行動的動作者；而所謂「對象」（梵 karman；object），則是動作者的目標，亦即該行動意圖導致的實體或狀態。這些術語來自於文法學派制定的「語意格位理論」（the theory of kārakas），梵文句中名詞的六種不同格位詞尾展現這套語意的範疇分析，這套分析系統廣為印度哲學家接受與使用。本章所用的「作者」不限於人，因為凡是可以作為動詞主動語態的主詞者，皆可扮演「作者」的角色。所以，此詞包含一切可被視為具有因果效力者。（比較第六章，「貪染者」這個概念也同樣不限於人。）因此，如果一塊岩石有落下的行動，加上以撞擊地面為對象，那麼，岩石也可算是作者。本章探究重點是作者和人們認為此作者產生的對象這兩者之間的關係。

　　在某個特定時間，此關係涉及的兩個實體可能具有相同的存有狀況（ontological status）——兩者皆實有、皆非實有、皆兼具實有與非實有。或者它們可能有相異的存有狀況——作者實有而對象非實有、作者實有而對象兼具實有非實有等等。例如，我們可能

認為作者目前存在，而對象尚未存在，這種情形即是作者實有而對象非實有。如此思之，則作者和對象之間可能保持的關係總計有九種。（關於這套九重分析的另一個例子，參見月稱《明句論》第二品‧第二十四頌的注釋〔LVP，頁 108〕，根據那一段釋文，在某個特定時間點，去者可能是三個存有狀況的其中之一，「去」的動作也是如此。）龍樹逐一提出論證反駁作者與對象之間這九種可能的組合關係。對於他的論證目的，關鍵要點顯然是他所思惟的九種關係，而這些實已窮盡一切的可能性。

下表中，每一種關係皆以一個數字為代表，這些數字用於表格之後的本章論證脈絡中。

	作者	對象	關係
相同的存有狀況	實有	實有	①
	非實有	非實有	②
	實有非實有	實有非實有	③
相異的存有狀況	實有	非實有	④
	實有	實有非實有	⑤
	非實有	實有	⑥
	非實有	實有非實有	⑦
	實有非實有	實有	⑧
	實有非實有	非實有	⑨

【8.1】主張：作者與對象不可能是關係①——皆為實有，也不可能是關係②——皆為非實有。

【8.2】破斥關係①。

【8.3】破斥關係②。

【8.4-6】兩者皆非實有導致邏輯上無用的結果。

【8.7】破斥關係③──作者與對象皆為實有非實有。

【8.8】破斥關係④──作者實有而對象非實有，以及關係⑥──
　　　　作者非實有而對象實有。

【8.9】破斥關係④──實有的作者產生非實有的對象，或關係
　　　　⑤──實有的作者產生實有非實有的對象。

【8.10】破斥關係⑥──非實有的作者產生實有的對象，或關係
　　　　⑦──非實有的作者產生實有非實有的對象。

【8.11】破斥關係⑧──實有非實有的作者產生實有的對象，或關
　　　　係⑨──實有非實有的作者產生非實有的對象。

【8.12】回應隱含的反對意見，即「中觀派是斷滅論者」──作者
　　　　與行動的世俗實有。

【8.13】破斥作者與對象在解脫上的重要性：此種破斥亦可用於破
　　　　斥執取。

【8.1】

　　實有的作者

　　不能導致實有的對象存在；

　　非實有的作者

　　亦不能以非實有的對象為目標。

　　龍樹的策略是先顯示作者和對象不可能有相同的存有狀況（兩
者皆實有或皆非實有等等）。他在【8.1】的主張，是【8.2-6】論證
所支持的結論：如果兩者皆實有或皆非實有，則不可能說作者導致
對象的生起。

【8.2】

> 就實有的作者而言，沒有行動，
> 〔所以〕，其對象並無作者；
> 就實有的對象而言，沒有行動，
> 所以，其作者亦無對象。

根據月稱的注釋，支持這兩個主張的論證包括否定有第二個行動（梵 kriyā；action），所以，此處論證類似【2.3–6】。支持第一個主張的論證如下：實有的作者被稱為「作者」只是因為有相關的動作，也就是導致某個對象生起的動作。如果它已經是作者，則此動作必然已經發生。但如果對象也是實有，則應該有個行動來解釋作者何以導致此對象，這就需要第二個行動。但為了彌補此不足而提供一個行動是不合理的。因此，對象不可能是實有的。

支持第二個主張的論證如下：實有的對象被稱為「對象」只有一個條件，也就是它與某個行動有關，而此行動包含這個對象的產生。如果它已經是對象，則此行動必然已經發生。於是就需要有另一個行動來解釋其作者（那個我們假設已經存在的作者）何以成為作者。然而，不可能有此第二個行動。因此，作者不可能是實有的。

【8.3】

> 如果非實有的作者
> 能引生非實有的對象，
> 則對象是無因的，
> 作者也是無因的。

假設作者與對象皆不是現前存在，引生對象的「因」是作者產生行動，而一個可產生「果」的行動不可能存在於非實有的事物中。

因此，對象便無起因，而作者也同樣是無因或獨立自存的。

【8.4】

　　如果是無因的，

　　則「果」與因緣皆不存在；

　　既然它們不存在，

　　則「因」生「果」的行動、作者和行動所憑藉的手段或工
　　具，亦不存在。

【8.5】

　　如果「因」生「果」的行動等不可能成立，

　　則善行與惡行皆不存在；

　　既然善行與惡行皆不存在，

　　善行與惡行所產生的果報亦不存在。

【8.6】

　　既然果報不存在，

　　達到解脫和升天的道路則無法成立，

　　那麼，一切產生的活動

　　自然會導致徒勞無功的結論。

　　【8.3】論證的結果在此運用於因果業報。根據「業」的教理，
每個行動皆產生「果」：善行產生樂果，惡行產生苦果。然而，如
果沒有作者和「因」生「果」的行動，則不可能有行動。所以，如
果我們接受一開始的假設，就得作出「業」不存在的結論。不過請
注意，龍樹不接受這個結論。一如【24.33–37】，他在此處將否定
「業」這個令人無法接受的結論，視為論敵理論導致的結果。

【8.7】

　　實有非實有的作者
　　不引生實有非實有的對象。
　　因為實有與非實有相互矛盾，
　　兩者如何能成為一體？

　　關於對象與作者具有相同存有狀況的假設，欲使相關的思惟達到完備，必須考慮兩者是實有且非實有的可能性。這可被認為意謂作者與對象不再處於不存在的狀態（亦即僅存於未來），但也尚未完全存在（亦即現前存在）。要排除這個假設不難，因為不可能有既存在又不存在的事物，這兩種狀態並不相容。因此，這個可能性被駁回。

【8.8】

　　實有的作者
　　不能引生非實有的對象；
　　非實有的作者亦不能引生實有的對象。
　　既然如此，前已指出的相同難題，自然會隨之而生。

　　如果說某個現存事物是尚未存在之對象的作者，則會有【8.2ab】所指出的難題；如果說現存的對象是當前不存在的作者所產生，則有【8.4ab】所指出的問題。

【8.9】

　　實有的作者
　　不能引生非實有的對象，
　　也不能引生實有非實有的對象，

理由如前所述。

當作者存在而對象不存在時，我們不可能說作者正在行動，也不能說對象既存在且不存在，因為除了存在與不存在之外，並無第三種可能。

【8.10】

> 非實有的作者
> 不能引生實有的對象，
> 也不能引生實有非實有的對象，
> 理由如前所述。

【8.11】

> 實有非實有的作者
> 不能引生實有的對象，
> 也不能引生非實有的對象，
> 依前述的理由，應可理解這點。

如【8.3】所示，非實有作者無法有所作為。同樣地，如【8.2】所言，實有對象無法被產生。另外，如【8.7】的論證，可知不可能有既實有且非實有的作者這種事。前此種種論證，皆可用於此處思惟的其餘可能性。對於「作者與行動具有相異的存有狀況」這個假設的探討，至此結束，所有邏輯上的可能性皆已檢視，其中沒有一個可以用來說明作者能導致對象的生起。月稱概述此情況如下：

就實有者而言，沒有任何產生的活動，於是作者無對象——因此，實有的對象未被產生。此外，非實有的對象也是無因的，此對象不被產生的原因已如前述：「如果無因，則其果……。」因此，既然透過所有可能提出的「同一論點」（theses of sameness）而建立

的作者和對象是不正確的；那麼，〔論敵〕所言，亦即諸如識等具備有為本質的有為法，是由於作者與對象的實有關係而存在，這也是不正確的。

接著，他讓論敵指控中觀派為斷滅論，以提出下一頌【8.12】的主張：

在此，〔論敵〕說：「你們是否認為事物不存在？」〔我們回應：〕絕非如此。但是對於認為現存事物具有自性的你們而言，由於現存事物缺乏自性，破斥一切現存事物是可能的。相反地，對我們而言，既然一切現存事物皆是依因待緣而生，在我們看來其存在並無自性，因此有什麼可破斥的呢？……你們所說「一切現存事物皆缺乏自性」的論點如何能成立？雖然世俗妄見被認可，但世俗實有的實體一如海市蜃樓的水，是人們想像的產物，它們之所以成立，只是因為世人基於依「彼」而有「此」的共識，而非透過其他任何方式。（LVP，頁188）

【8.12】

> 作者依賴對象而存在，
> 對象亦依賴作者而存在；
> 除此之外，我們看不出
> 有其他的方式可成立作者與對象。

論敵才是斷滅論者（只是他們不自知）；相反地，對中觀派而言，作者與對象只是世俗諦。因此，承認兩者彼此的依存關係並不成問題。

【8.13】

> 應該捨離對象與作者，

藉此而認識執取〔和執取者〕；
對於對象與作者的思惟，
亦應用於其餘一切現存的事物。

　　以上論證概括一切現存的事物。所謂「執取」，是緣起序列中諸要素將同一序列其他成分視為「己有」的行動。因此，正確分析此行動是佛教徒的首要之務。下一章即以此為主題。

觀察「先存在者」

　　本章的「先存在者」（prior）意指「人」或主體，這個主體被視為引起人所擁有的各種感官（諸根）與狀態的潛在起因，因此，它存在於這些感官與狀態之前。雖然一般常識認為有這樣的主體，但大多數佛教徒否認這一點，不過也有例外，名為「補特伽羅論者」（梵 Pudgalavāda；Personalism。人格主義）的佛教部派，即主張這樣的實體必定存在。本章旨在破斥這種觀點，其論證方式是探究人與其感官、狀態之間的關係。(1) 論敵主張，因為如果沒有主體，則感官與狀態無法存在，所以，「人」必定存在，不僅如此，此「人」是異於感官、狀態而存在。論主的破斥主要依據以下論點：如果「人」可以和感官、狀態分離而單獨存在，則感官、狀態亦可與「人」分離而單獨存在，既然如此，我們並無理由可以斷定「人」是個相異的實體。本章的論證概述如下：

【9.1-2】陳述論敵的論點和理由：「人」存在於感官和狀態之前，
　　　　　因為它們依賴一個承載它們的主體而存在。
【9.3-5】破斥論敵的論證：依賴的先決條件是依賴者必須與其基礎

同時存在。

【9.6】論敵回應：「人」存在於各別的感官與狀態之前，而非一切
感官、狀態和合之前。

【9.7-9】破斥論敵的回應。

【9.10】破斥另一提議：「人」的存在不是依賴其感官和狀態，而
是構成「人」的物質要素。

【9-11】鑑於對「人」的破斥，邏輯上理應進而破斥感官與狀態。

【9-12】總結：我們不應該說「人」若非存在，即是不存在。

【9.1】

　　有人〔論敵〕說：

　　「能見的眼根、能聽的耳根等〔諸根〕，

　　以及感受等〔心所法〕[2]，

　　能擁有者存在於彼等[3]之前。

【9.2】

　　不存在的實體，

　　怎會擁有能見的眼根等諸法？

　　因此，在眼等諸法出現之前，

　　就有已確立的實體存在。

　　清辨和月稱確認【9.1】的論敵是正量部（Saṃmitīyas）之類的
補特伽羅論者。這一類佛教徒宣稱，既然執取的先決條件是能取
者（一如行動需要動作者），則必有某一潛在之法擁有各種感官和
心所法。他們將此法確認為「人」（梵 pudgala；person。音譯為「補

特伽羅」）。因為他們相信「人」或補特伽羅，必定存在於能見的眼根、能聽的耳根等諸根與感受等諸法之前，所以，本章稱為「觀察先存在者」。補特伽羅論者主張，「人」或補特伽羅異於「我」（梵ātman；self），其理由有二：（一）「人」不是勝義實有（而相信有「我」者，則堅信「我」是勝義實有的）；（二）「人」這個名稱和概念的形成，取決於五蘊（而「我」的命名和概念化是基於其自性）。關於此派觀點，詳見 SNS，以及 AKB 9。

【9.3】

〔論主回應：〕

於能見的眼根、能聽的耳根等諸根，

以及感受等諸法之前，

如果此實體已確立，

人們又依據什麼而能設想它的存在呢？

如果「人」是實有的，則必定有某種本質，以此本質為基礎而被命名，以及形成概念。此處思惟第一種可能：「人」的本質獨立於所謂以它為潛在起因而引起的諸根與心所法之外。這不是補特伽羅論者的觀點，在此處加以檢視，只是為了確定一切可能性皆納入考量。

【9.4】

如果無有能見的眼根等諸法，

而有此確立的實體，

則如果無有此實體，

無疑地，能見的眼根等諸法也必然會存在。

【9.5】

　　讓某「人」顯現憑藉的是〔顯示此「人」的〕事物，

　　而〔能顯示的〕事物因〔潛在的〕某「人」而被顯現。

　　如果無〔能顯示的〕事物，「人」如何能〔被顯現〕？

　　如果無〔事物所顯示的〕「人」，事物如何能被顯現？

　　【9.4】指出，如果「人」的本質異於諸根與心所法的本質，則可各自獨立存在，不必依賴彼此。但是，補特伽羅論者為了證明「人」的存在，辯稱若無潛在的實體，能見的眼根等諸法便無法存在。據稱眼根等諸法讓「人」得以顯現，而顯現的先決條件是能顯與所顯同時存在：「能顯者」這個想法，即是由諸根顯然可知的事物中，透露出有某一隱晦的潛在事物存在，而有此潛在事物的存在，是為了解釋能顯者出現的先決條件。

【9.6】

　　〔論敵說：〕

　　沒有任何的「人」，

　　存在於能見的眼根等一切諸法和合之前。

　　藉由能見的眼根等諸根或其餘諸法其中之一，

　　〔潛在之「人」〕得以於不同的時間顯現。

　　由於【9.4-5】提出的理由，補特伽羅論者想要主張「人」這個名稱的建立與概念的形成是依賴諸根和心所法（「能見的眼根等一切諸法」）。於是，他們接下來必須面對一個問題：為何「人」不是純粹概念上的虛構物？想回答此問題，他們需要說明，在某種意義上，「人」獨立於能見的眼根等諸法之外。在【9.4】，他們承認「人」不可能存在於能見的眼根等一切諸法和合之前。不過，他們

指出，存在於能見的眼根之前的「人」，可能會依於能聽的耳根而被命名，且形成概念；存在於能聽的耳根之前的「人」，可能依於能嗅的鼻根而被命名與形成概念，其餘諸法依此類推。

【9.7】

〔論主回應：〕
如果在能見的眼根等一切諸法〔和合〕之前，
「人」不存在，
那麼，在能見的眼根等各別法之前，
「人」又要如何存在？

如月稱所言：「如果在所有樹木之前沒有森林的存在，那麼，在每一棵樹木之前，也同樣沒有森林的存在。」（LVP，頁192）。假設我們在一座森林裡種了一棵樹，我們可能會說，此時那棵樹是森林的一部分，雖然在那棵樹出現之前，森林已經存在。月稱這段釋文表示，此說法不可能是勝義諦。如果此說為真，則我們必須說種下林中另一棵樹之前，同一座森林也已經存在，且此說法適用於林中其他任何一棵樹。龍樹在接下來的【9.8-9】提出一個問題：在我們新栽一棵樹之前和之後，存在著的是同一座森林嗎？

【9.8】

如果見者即是聽聞者，
亦是感受者，
那麼，它就應該存在於各別諸法之前，
但這是不可能的。

佛護說，此「人」不可能存在於每一種各別認知之前，因為這

在邏輯上自然會導致以下的結論：存在於能見的眼根之前的生命體是聽聞者和感受者，就如某人從不同的（感官）門戶走出一樣。此外，誠如清辨的問題所示，某一法怎麼可能在同一時刻既是聽聞者且是感受者？某一法必須聽聞才會是聽聞者；某一法必須能嗅氣味才會是嗅者，其餘諸根依此類推，而且諸根無法全部同時被運作。不過，我們也可以問：存在於能見的眼根之前和能聽聞的耳根之前者，是否為同一「人」？藉此看清上述說法導致的難題。如果「人」可以存在於某一根之前，那麼，為何不能存在於兩根之前？但這會導致「人」可存在於能見的眼根等一切諸法之前的假說，而這一點在【9.3-5】已被駁回。

【9.9】

> 但是，如果見者本身異於聽聞者
>
> 而且異於感受者，
>
> 則當見者存在時，也會有聽聞者，
>
> 以及多種主體的存在。

　　另一種說法是設想存在於能見的眼根之前的是聽聞者、嗅者和品嚐者等，而且彼此互異。但是，這顯然不是論敵想要的結果，因為如此一來，就會演變成一人眼見，另一人聽聞，又有第三人鼻嗅等等。在此情況下，「人」無法品嚐他們眼見的食物。

　　我們譯為「主體」（subject）一詞的原文是「ātman」，眾所周知，此詞通常譯為「我」（self），而且所有佛教徒都否認有這種「我」的存在。不過，這個詞在此處和下一章皆用以表示補特伽羅論者見解的特徵，所以，在此文脈不宜譯為「我」。補特伽羅論者和其他所有佛教徒一樣，都認為沒有所謂的「我」，也就是人們想像中歷經各種不同生命階段而持續不變，且與其所擁有的五蘊維持

完全緊密關係的實體。然而，他們雖然主張「無我」，但主張與五取蘊（視五蘊為自身所有的事物）有關之法必定存在。由龍樹此處用「ātman」一詞，可知此詞在一般梵文使用上也可當作反身代名詞。談到能見、能聽聞等狀態的主體，即是談論覺察自身狀態之法。補特伽羅論者主張此主體必定存在，而且「有此主體而無我」的主張是可以成立的，兩者並不相矛盾，但包括龍樹在內的其他所有佛教徒當然皆不同意這種說法，但為求公平合理，探討他們的主張時，遣詞用句仍然應該不偏不倚。

【9.10】

> 能見的眼根、能聽聞的耳根等諸根，
> 以及感受等諸法，
> 其形成時的構成元素，
> 此實體並不存在於其中。

根據月稱的解釋，論敵已指出能見的眼根等諸根是以五蘊為基礎而生起，而五蘊又以四大種（譯按：即地、水、火、風四大元素）為基礎（參見【4.1】），因此，或許先存在者以四大種為基礎而被命名，且形成概念。清辨則說，這個提議造成的難題如下：如果這些事物皆是實有的（而非僅是將四大種概念化的不同方式），則我們必須視之為相繼生起，亦即先有四大種，後有五外處（參見【4.1】。譯按：即色、聲、香、味、觸），接著是能見的眼根以及其餘諸法。所以，論敵提出存在於能見的眼根等之前的「人」，在眼根等法存在之時，此「人」並不存在。「能取者」不但必須存在於「所取」之前，而且必須與「所取」同時存在。再者，如果「能取」、「所取」同時存在，一如瓶與此瓶本質上所屬的原子，則「能取」並非勝義實有。

【9.11】

　　能見的眼根、能聽聞的耳根等諸根，

　　以及感受等諸法，

　　如果擁有此等諸法者不存在，

　　則此諸法亦不存在。

　　另一方面，如果我們說無有任何一法擁有諸根與心所法，那麼，說諸根與心所法存在就不合理了，因為它們被視為「所取」。例如，我們無法理解「有能見的眼根而無擁有眼根者」是什麼意思，畢竟能見的眼根這種事物是能為其他事物發揮作用的。不過請注意，這並不表示可以推論實有能見的眼根等的主體，請看【9.12】。

【9.12】

　　是什麼實體於能見的眼根等諸法之前存在、同時存在或之後存在？

　　這樣的實體並不存在。

　　存在與不存在的概念

　　不再適用於彼。

　　我們不能說論敵想像中先存在的實體已經存在，但也不能說它不存在（見【9.11】）。龍樹認為，除此之外顯然並無第三種可能性——此一先存在實體以某種方式既存在又不存在。至於並存的可能性，理應被破斥，因為同時存在的勝義實有法，彼此不可能有依賴關係。（請回想論敵先前的主張，此實體必須依於能見的眼根等諸法而被命名，且依此形成概念，而眼根等諸法皆依於此實體而存在。）此難題也排除此實體存在於能見的眼根等諸法之後的可能性。

　　請注意，龍樹陳述本章總結時的謹慎：「存在與不存在的概念不再適用於彼（there）」。我們會認為能見的眼根的主體或是存在，或是不存在，但是龍樹在【9.12】中告訴我們，這兩種想法皆是不合規範的。

---

(1) 這種關係稱為「取」（梵 upādāna；appropriation），被認為存在於能取者（人）和所取對象（五蘊）之間。本章另有一章題，即佛護與清辨注釋中的〈取者與取之考察〉。

[2] 心所法即是心所有之法，是心理的構成要素，與心同時生滅。「感受等」是指受、觸、作意等心所。

[3]「彼等」即指能見的眼根、能聽的耳等諸根，以及受等心所法。

觀察「火」與「柴薪」

　　前兩章已顯示「執取者」這個觀念衍生的難題。所謂「執取者」的觀念,即是補特伽羅論者欲建立「有執取五蘊、業等之人」之理論所依據的觀念。在本章中,論敵重新提出一個譬喻,用以解釋執取者(或「能取」)和它所執取的對象(或「所取」)何以能處於相互依存的關係,兩者卻皆為勝義實有。論敵所用的譬喻是「火與柴薪」(關於此譬喻的討論,另見 AKB 9)。如月稱對此譬喻的解釋,火依於柴薪(因為無柴薪則無火)而生起,但火是勝義實有(因為它以「熱」為自性),而柴薪雖然本身也是實有的,卻由四大元素所組成,因此,必須依賴「火」這個元素。

【10.1ab】破斥火與柴薪完全相同的可能性。

【10.1cd-5】破斥火異於柴薪的可能性。

【10.6】論敵提出另一種方式以理解火與柴薪兩者的關係。

【10.7】破斥論敵上述的主張。

【10.8-10】破斥火與柴薪兩者相互依存。

【10.11】破斥基於「三時」的問題,而有火是依賴柴薪之事。

【10.12】結論：火既不依賴柴薪，也不離於柴薪而存在；柴薪既不依賴火，也不離於火而存在。

【10.13ab】火不自生，亦非他生。

【10.13cd】柴薪在「三時」中皆不被燃燒。

【10.14】運用五重考察（或五求門）概述：火與柴薪是不一的；火與柴薪是不異的；柴薪不屬於火；火不在柴薪中；柴薪也不在火中。

【10.15】以上論證概括「人」（補特伽羅）與「所取」的關係。

【10.16】結論：「人」（補特伽羅）與「所取」不一亦不異。

【10.1】

　　如果火即是柴薪，

　　則動作者與對象是同一的；

　　如果火異於柴薪，

　　則無柴薪亦會有火。

【10.2】

　　火將永遠處於燃燒的狀態，

　　而且不以點燃為起因。

　　持續點燃是無意義的，

　　而且如此一來，火就沒有可燃燒的對象。

　　如果火和柴薪是勝義實有，則兩者必是同一或相異的；火若不是柴薪，就是獨立存在之物。第一個假設必須駁回，理由是如果火即是柴薪，會讓動作者（燃燒者）與對象（被燃燒者）完全相同，

但這很荒謬，因為陶工異於土瓶，伐木的山林居民異於被砍伐的木材。

然而，如果火是獨立存在之物，則火可能脫離任何柴薪而存在。這意味著：（一）柴薪燒盡之後，火可以繼續存在，所以火將永遠處於燃燒的狀態。（二）不可能有點火或生火之類的事。（三）這會導致任何尋找柴薪以生火的努力變得毫無意義，因為這麼做無異於著手進行已經開始之事。（四）火將會沒有對象——讓火作用於其上的事物。以上第一至第三點皆在【10.3】說明。

【10.3】

> 因為火不依賴另一事物而生起，
> 所以，就無有點燃之因；
> 既然火可以永遠燃燒，
> 那麼，再度生火自然是無意義的。

不依賴其他事物而存在的火，不需要任何東西即可被點燃。如此一來，火將永遠燃燒，因此，點火的行動無法導致原先不存在的火開始燃燒。既然我們都知道有「生火」這種事，上述的推論便相當荒謬，於是「火異於柴薪」的假設必須駁回。

【10.4】

> 如果在此處你接著要說：
> 「柴薪是現在正被燃燒之物」，
> 如果唯有現在正被燃燒著的才是〔柴薪〕，
> 那麼，彼柴薪是被什麼〔相異的實體〕所燃燒呢？

論敵主張，只要我們將柴薪定義為「被火燃燒者」，柴薪與火

仍然可以彼此獨立存在，那麼，火大概可以說是異於柴薪，卻又依賴柴薪。此頌的要點是，如果依照定義，柴薪是「被火燃燒者」，則柴薪可以說只存在於有火之時，因此，柴薪根本離不開火，而【10.1】所指出的難題再次出現。

【10.5】

> 如果火異於柴薪，則不接觸〔柴薪〕；
> 既不接觸，則不會燒盡柴薪。
> 如果不燒盡柴薪，則火不會熄滅；
> 如果火不熄滅，則它就會是具有自相而持續存在的事物。

所謂「具有自相」（梵 svaliṅgavān；with its own mark），意指「具有自性」。根據月稱的解釋，此處論證如下：正如燈火不破除它照不到或不觸及的黑暗（參見【7.10–11】），異於柴薪的火也同樣不觸及柴薪，不燃燒柴薪，也因此不燒盡柴薪。這就表示火不會熄滅，因為燒盡柴薪是造成火熄滅的「因」。於是，火成為以燃燒的狀態為自性而常存的事物。對此論證，論敵的回應在【10.6】。

【10.6】

> 〔論敵反駁：〕
> 火雖然異於柴薪，
> 但可觸及柴薪，
> 正如女可觸及男，
> 男也可觸及女。

【10.7】

> 〔論主回應：〕
> 火異於柴薪，

當然可以觸及柴薪──

如果火與柴薪

彼此分離而獨立存在。

論敵以一男一女為例，說明兩個相異事物可以形成相互作用的關係，一如火與柴薪。但此例的難題是，我們知道男女可分別存在，卻從未看過火與柴薪可不相觸。此外，就柴薪而言，雖然看似單獨存在，但它之所以稱為「柴薪」，就只是憑藉它和火的關係，亦即我們將柴薪視為可能成為火的事物。

我們在此譯為「觸」（touch）的術語，梵文是前綴 pra + 動詞語根 √ap，實際上的語意是「到達」（to reach），引申義是「獲得」（to obtain）。論敵提出男女之間的例子涉及某種雙關語的運用，因為當我們說某個人因為婚姻而得到另一人，此兩人之間有身體的接觸。因此，我們選用「觸」這個譯詞，以保留原文的一語雙關：「觸」可用以表達身體的接觸，或親密關係。

論敵承認火與柴薪的情況的確有別於男女關係；火依賴柴薪而存在，反之亦然，就此意義而言，火與柴薪相互依存，而建立親密關係的男女卻並非如此。但論敵追問，為何火與柴薪不能依然保有各自的自性呢？畢竟處於相互依存關係的條件下，火與柴薪必然存在，因為非實有事物之間，例如不孕婦女的子女，不可能有相互依存的關係。論主在【10.8-10】作出回應。

【10.8】

如果火依賴柴薪而生起，

柴薪也依賴火而生起，

兩者之中，是何者先生起？

是柴薪先生起，還是依賴柴薪的火先生起？

反駁火與柴薪相互依存的論證需要探究一個問題：此兩者同時存在，抑或前後接續出現？假設火與柴薪接續出現，而且柴薪先存在，根據月稱的說法，這會導致荒謬的結論，亦即柴薪可以不被點燃而存在，而且如青草之類的事物都可算是柴薪。這些結論或許不會讓我們感到荒謬，但是佛護表示，我們必須了解柴薪依賴火而生是一種概念。他這句話的意思似乎是表示，我們只是因為預期火會生起，而將某事物視為柴薪，但這似乎會讓「柴薪可能以不點燃的狀態存在」的可能性懸而未決。不過，佛護所作的注釋凸顯的是，如果我們認為柴薪既可存在於火出現之前，且又與火同時存在，這個「柴薪」便是我們在概念上建構而成的產物。只能以點燃或未點燃其中一種狀態存在的事物，那必定是由種種組成要素或零件所構成。因此，如果我們所謂的「柴薪」意指勝義實有之物，且柴薪與火有關，則唯有火存在之時，柴薪才能存在。

【10.9】

　　如果火依賴柴薪而生起，

　　則先前已經成立的火，

　　又再度被成立，

　　如此一來，柴薪也會與火無關。

　　月稱解釋【10.9ab】如下：假設柴薪存在於火之前，且火依賴柴薪而生。但是，如果火不存在，則不可能依賴柴薪，因此，火必然已經存在。然而，說火依賴柴薪而生，等於是說火藉由柴薪而得以成立。此外，如果柴薪存在之時，火已經存在，那麼藉由柴薪而讓火成立，即是建立已成立（已存在）的事物。【10.9cd】的論證是，柴薪同樣地也必須存在以依賴火；但是火存在之時就已存在的柴薪，不可能依賴彼火。

我們在此頌譯為「先前已成立者又再度被成立」的用語（梵 siddhasya sādhana；establishing of what is already established，已成立者的成立），也是印度一種邏輯謬誤的名稱：證明已經證實之事。如同《中論》其他章節的用語，龍樹在此使用「成立」（梵 siddhi；establish），意指「導致」（bring about），而非「證實」（prove）。不過，他在此處選用這個用語，似乎也有可能想到它在邏輯上的其他用法。

此時論敵同意，相互依存和此兩者先後存在並不相容。但是，為什麼不說此兩者同時生起且彼此依賴呢？

【10.10】

> 如果一個實體 x 依賴〔另一事物 y〕而成立，
> 而且成立 x 所依賴的 y
> 也依賴這個 x 而得以成立，
> 那麼，是何者依賴何者呢？

如果火確實依賴柴薪，那麼，於火可以存在之前，柴薪必須先存在。但是如果柴薪也依賴火，則不可能存在於火出現之前。論敵主張火與柴薪之間（或「人」〔補特伽羅〕與五蘊之間）相互依存的關係，其理路似乎前後不連貫。

【10.11】

> 如果此實體是依賴〔其他事物〕而成立，
> 如何在成立之前依賴〔於彼〕？
> 可是，如果依賴〔於其他事物〕的是已成立的事物，
> 那麼，說它依賴〔於其他事物〕，則是不正確的。

依賴其他事物而成立的是什麼呢？在某事物形成之前，不能說它依賴其他事物；但如果它已經存在，如何能說它「依賴」？要使它處於依賴的狀態，即是指它必定是需要某物才能存在。

【10.12】

　　火不依賴柴薪，
　　亦不離於柴薪而獨自存在；
　　柴薪不依賴火，
　　亦不離於火而獨自存在。

　　此頌概述截至目前為止的推論。清辨很細心地指出（火依賴柴薪等）四種可能性皆已逐一被否定，因此，他提醒大家注意，關於火、柴薪或它們之間的關係，沒有任何主張獲得證實。重點始終都只是排除我們可能將火與柴薪這個主題視為勝義諦的一切陳述。這或許也可表達如下：「我們不能說火依賴柴薪，……」

【10.13】

　　火不來自其他事物，
　　也不存在於柴薪；
　　柴薪亦復如是，
　　如同「現在去」、「已去」和「未去」的說明。

　　龍樹在【10.13ab】重提前文已探討的兩個因果觀點：（一）「因中無果論」——「果」從其他事物生起（因果相異）的觀點；（二）「因中有果論」——「果」以未顯的形態已經存在「因」中，就此而言，即是「果」從自身生起的觀點（參見【1.1–2】）。當第一個觀點應用於火與柴薪時，會產生一個難題，也就是火是無因而生的。

說火異於柴薪而存在，等於是說如果沒有柴薪，火依然可以存在。

但是【10.13b】討論的第二個因果觀或許似乎更有希望成立。論敵主張柴薪中已有火，只是以未顯的形態存在，但是在適當情況下，例如摩擦兩片柴薪，即可顯現此火。如月稱所言，反駁這個假設的論證很簡單，火的顯現被視為摩擦造成的一個結果，這個「果」是否存在於它的「因」之中呢？若不存在，則「因」中有「果」的假設已被放棄。這表示論敵就像因中無果論者一樣，此時應該跟我們解釋為何摩擦造成火的出現，而不是其他結果。若「果」的確存在於「因」中，則必定是未顯的形態。那麼，讓這個顯現變得顯而易見的因素是什麼？這是無窮後退的開端。

龍樹在【10.13cd】主張，反駁「去」這個動作的「三時」論證邏輯（參見【2.1】），也適用於被視為被燃燒的柴薪。月稱舉出一首偈頌來解釋：

已燒不是現在燃燒者，未燒不是現在燃燒者，
異於已燒、未燒的現在燒，亦非現在燃燒者。

一如往例，第三個選項被駁回，理由是沒有介於過去與未來的第三時是燃燒動作發生的時刻。

【10.14】
另外，火不是柴薪，
火也不離柴薪，
柴薪並非火所有，
柴薪不在火中，火亦不在柴薪之中。

此頌運用五重考察的手法，概述本章論證的結果。這種手法在

其他章節中也被用來觀察「人」（補特伽羅）與五蘊的關係（例如
【16.2】、【22.1】，以及 MA 6.150）。x 和 y 兩個事物可能有以下
五種關係：（一）同一；（二）相異；（三）x 具有 y；（四）y 以
x 為所在之處；（五）x 以 y 為所在之處。

根據各注釋者的解說：如果是第一種關係（同一），但火不是
柴薪，因為這會導致動作者與行動合一的問題，如【10.1ab】的討
論。兩者也不是第二種關係（相異）——火異於柴薪而位於別處，
因為這將導致火獨立存在的難題，如【10.1cd】至【10.4】的論證。
如果是第三種關係（火擁有柴薪），那麼火與柴薪就有兩種關係，
第一種是兩者為相異之物，如乳牛與飼主；第二種是兩者為同一物，
如車與其零件。第一種（兩者為相異之物）的選項被排除，因為火
從未異於柴薪而出現，而第二種（兩者為同一物）則意味著火不是
勝義實有。第四、五種關係的論點皆被排除，因為它們的先決條件
是火與柴薪相異，而這已被證明不可能。

【10.15】

> 應該根據火與柴薪的觀察，
> 理解主體與所取，
> 以及瓶、布等的一切解釋方式，
> 無有遺漏。

還記得補特伽羅論者提出「火與柴薪」的例子，藉以說明他們
主張的「人（補特伽羅）是五取蘊的主體」嗎？龍樹說，既已破斥
「火與柴薪」的例子，補特伽羅論者以「人」為能取者的主張也同
樣被破斥。相同的分析也適用於其他類似的例子，如瓶與陶土、布
與紡線等的關係。

關於此頌「主體」這個術語的使用，參見【9.9】的解說。此頌

譯為「所取」（the appropriated）的術語，梵語是「upādāna」，通常譯為「取」（appropriation）。由於此詞是用於十二緣起支，所以意指「執取的行動」，也就是開始將緣起序列中的諸蘊視為「我」或「我所」的行動。但在此頌中，此詞是用來表示其他章節所謂的「取蘊」（梵 upādāna skandhas），亦即被執取或被視為「我」或「我所」的種種組成要素。

同樣值得注意的是，此詞也廣泛用於指稱西方哲學家所謂「一物體或認識對象的質料因」，亦即構成此物的元素。因此，例如陶土算是瓶的「取因」（upādāna-cause）或質料因，而紡線被視為布的「取因」。當然，佛教徒否認除了紡線之外，另有布的存在，他們認為布只是一個概念建構的產物。但是，補特伽羅論者卻主張除了五取蘊之外，還有執取它們的主體或「人」。

【10.16】

> 以同一或相異的說法，
> 來描述主體與現存事物〔亦即「所取」〕的人，
> 我們不認為他們是
> 通曉佛法的明師。

還記得補特伽羅論者為了說明能取的「人」和五取蘊之間的關係如何運作，而提出「火與柴薪」的例子嗎？以上的考察已經顯示，無論是同一的或相異的，「火與柴薪的關係類比能取、所取之間的關係」這個論點不可能是勝義諦。正如火與柴薪不能說是同一的或相異的，能取的主體和所取的現存狀態（例如能見的眼根和感受），也不能被描述為是同一的或相異的。

觀察「（輪迴的）始終」

　　根據佛陀在《相應部・無始相應》第一品・第一經（S II.178）[1] 的開示，生死輪迴（梵 saṃsāra）沒有明確可辨的前際或開端。我們不清楚這究竟代表生死相續實際上沒有起點（從無始以來持續不斷），還是代表我們永遠無法確定過去哪一世是開端（或許我只是由於遺忘，而記不起某一世之前已歷經的生命）？龍樹似乎以第一種方式解讀佛陀的開示：我這一世正是無始以來生死相續的最後一世。這大概是因為凡是被設想為生死相續開端者，即被視為無因而生，但一切有為法（例如「生」）皆被斷定具有起因。所以，「生死相續可有第一世」的想法是不合理的。

　　在此，龍樹認為佛陀的開示意指生死輪迴亦無終點。這有點費解，因為所謂「涅槃」，即是達此境界者輪迴再生的終點，而且菩薩的發願應該也是讓一切眾生停止輪迴再生。所以，輪迴的終點至少在原則上是可能的。實際上，佛陀在《相應部》（Saṃyutta Nikāya）經文中所說的是「輪迴無始」，他說此一情況使得輪迴「無始無終」（梵 anavarāgra；without first and last）。也許他這段話只是表示一個人至今經歷了多少世是不可勝數的，但這不等於說

一個人會生死輪迴而永無止盡。要了解這一點，請比較以下兩個說法：（一）「負整數的序列沒有起點（無論如何往回倒數，永遠都有更大的負整數）」的主張——這是正確的；（二）「此序列沒有終點」的主張——這是錯誤的（此序列止於 -1）。

　　龍樹將以輪迴再生的前際和後際的主張為論證起點，抨擊「每一期的生命皆有生、老、死等實有的階段」的觀念。這個觀念是阿毘達磨師提出的，用以解釋生死輪迴與苦，但後來也運用於一切勝義實有法在時間上的存在。因此，「生」、「住」、「滅」三階段（參見第七章），有時會以「生」、「老」、「死」為特徵。龍樹在【11.7-8】將此論證概括一切現存的事物。

　　然而，根據月稱的注釋，本章抨擊的對象又是補特伽羅論者，他們以生死輪迴的存在，證明必有再生者——人——的存在。月稱認為本章要點在於顯示輪迴不可能是勝義實有，頂多只是世俗實有。如此一來，根據輪迴的存在而推論有輪迴再生之人，這只可能在世俗上站得住腳，而不是如補特伽羅論者所希望是勝義的；人們會歷經生死輪迴是世俗諦——這是所有佛教徒的共識。本章的論證概述如下：

【11.1】生死輪迴無始亦無終。

【11.2】無始亦無終的序列不可能有中間，因此無法構成序列。

【11.3-6】論證：「生」不可能在「老」、「死」之前，不可能在「老」、「死」之後，也不可能與「老」、「死」同時，因此無法構成序列。

【11.7-8】以上論證概括一切所涉及的相續之法。

【11.1】

> 生死輪迴之前際，
>
> 大聖宣說不可知；
>
> 輪迴無始亦無終——
>
> 它無初始亦無後。

【11.2】

> 無始無終者
>
> 如何會有中間呢？
>
> 因此，此處不可能有
>
> 二法先後相續或同時並存的序列。

　　【11.1】至【11.2ab】的論證是說某事物唯有出現在序列的起點與終點之間，才能位於中間；既然說生命的序列皆無始無終，也就不可能有中間。此推論也許可以陳述如下：中間是一序列的中點，與序列的兩端等距，但如果此序列向前、後無限延續，序列上的每一點皆可說與兩端等距，而兩端與序列上的任何一點皆有無限遙遠的距離。此外，如果序列上每一點可一律稱為「中點」，則實際上沒有任何一點是中點。所以，若生死輪迴無前際、後際，今生就不可能稱為生死輪迴序列中的一期生命。

　　月稱認為，這表示輪迴僅可能是世俗實有，亦即它依賴有助於以概念思惟世間的方法。他將輪迴比喻為旋轉中的火把（旋火輪），我們看到的是一個實際上不存在的火圈。也許有人認為即使生死輪迴的序列沒有起點、中間、終點，一期生命出現於其他兩期生命之間的說法，依然可能為真。所以，或許似乎實有的輪迴好像還是可能存在。但這是假定相異的生命期發生在較早和較晚的時間點，欲使這項假定為勝義諦，必須要有生命可以發生的實有時間，這將是第十九章探討的主題。可是如果這項假定結果

是虛妄的，那麼任何一期生命唯有透過和其他生命期的相對關係，才能成為生死輪迴序列的一環：它在輪迴中某一點的出現，是透過挪借才得以擁有的屬性。

據稱從這一點自然導致以下結論：一期生命中無出生（前）、死亡（後），以及衰老（現在）的順序。此結論的推理出現在【11.3-6】。

【11.3】

> 如果「生」是初始，
> 「死」是終了，
> 則會有無「老」和「死」的「生」，
> 而且未死者會出生。

如果「生」被視為生命序列的起點，則會成為是無因生，但是根據「緣起」教理解釋的生死輪迴，「生」的起因是「老」和「死」。

【11.4】

> 假設「老」和「死」先出現，
> 而後才有「生」，
> 那麼，未生者怎麼可能會有
> 無因的「老」和「死」？

如果生命序列始於（造成輪迴再生的）「老」和「死」，那麼，既然此「老」和「死」本身不以「生」為因，即是無因的。由於沒有任何事物是無因的，所以，這種可能必須被排除。

【11.5】

> 此外,「生」和「老」、「死」同時存在,
> 這絕對是不正確的。
> 否則正在生者將同時死亡,
> 而且「生」和「死」皆會是無因。

我們不能說此兩者彼此相依賴而一起出現。首先,「生」和「死」並不相容,一如光明與黑暗,所以,它們不可能同時出現。其次,如果「生」和「死」同時,我們就需要第三個事物以解釋「生」和「死」的產生。如月稱所言,牛的兩角同時出現,卻不是彼此的起因。由於似乎不會有這樣的起因,因此「生」和「死」看來是無因生,但這是不可能的。

【11.6】

> 在生命序列中,
> 並無 x 在 y 之前,x 在 y 之後,或 x 與 y 同時出現的情況,
> 他們怎能將之「實體化」,
> 而說「此是生,彼是老、死」呢?

至此,龍樹的推論皆是根據緣起法則(這是論敵補特伽羅論者必須接受的),沒有任何事件可算是一個人一生的絕對起點,因為此生命期中,任何事件都必定以此人生命中另一發生在前的事件為起因。避免這個結論的方法之一是假設一個人一生中有第一刻,而這一刻的起因是在此之前發生的某個事件,而且此事件不是發生在此人的此生。(這就好比說:「有一顆不是雞生的雞蛋」,藉此解決「先有雞或先有雞蛋」的問題。)然而,這就代表否定「緣起」是輪迴的正確解說。或許有人仍然想要主張這一期生命的「生」出

現在這一期生命的「死」之前,而這一期生命的「老」出現在兩者之間。但是此說的假定是,我們可以說這一期生命出現於包含過去世與未來世的生死輪迴序列之中,而【11.2】的論證已顯示這項假定不可能是勝義諦。

我們在此頌譯為「實體化」(hypostatize,戲論),梵文是前綴 pra + 動詞詞根 √pañc,字義是「好冗詞贅言」(prolix)或「極端囉嗦」(excessively wordy),但在佛教的語境中,此詞演變出特殊的含意。在巴利經藏中,它被用來表示發明種種名稱和概念,並且藉此思惟、談論一個人認為可愛或不可愛事物的傾向(參見 M I.111–12)。[2] 據稱這種傾向只要引發貪、瞋、痴等煩惱,則在輪迴的繫縛中發揮重要的作用。因此,此詞開始意指進行種種概念上的分別,但是它隱含著「此概念分別過程大有問題」的意思。中觀派確認此問題是一種抽象概念的具體化(reification),亦即將原本可能非常實用的概念分別,視為表明勝義實有的實體和屬性。這個用法在《中論》有一個特別清楚易懂的實例,請參見第十八章。

【11.7】
　　「果」與「因」、
　　「相」與「持有相者」、
　　「感受」與「感受者」,
　　以及其他一切存在的事物,

【11.8】
　　並非只有輪迴的前際
　　是不可得的,
　　任何現存事物的前際
　　也同樣是了不可得。

這一章的分析不僅適用於眾生，也適用於任何涉及先後相續而存在的事物，所以這一章是前文分析「因」和「果」（第一章）、「相」與「所相」（即「具有特徵者」）（第五章），以及感受與感受者（第九章）的補遺。這些都涉及時間先後順序，如果不假定一個絕對起點，即無法解釋此順序，但這是個不合理的假定。因此，終究無法解釋這些事物如何開始存在。

---

[1]《相應部‧無始相應》第一品‧第一經（S II.178）：「諸比丘！此輪迴無始，眾生為無明所覆、渴愛所縛，不知流轉輪迴之本際。」（《漢譯南傳大藏經》，相應部經典二，頁 222）

[2]《蜜丸經》（*Madhupiṇḍika-sutta*, M I.111–12）：「尊者大迦旃延曰：『……於人間所生起迷執之想分，於其事物不至可歡喜、歡迎、執著之物者，其實即貪隨眠之邊、瞋隨眠之邊、見隨眠之邊……於其處，彼惡不善法，滅無餘矣。……諸賢！緣眼於色而眼識生。三事和合而有觸。緣觸而有受，以想所受者，即覺知所想者，即迷執所覺知者。所迷執者，由其因緣，人於過去、未來、現在，依眼而識於色，即生起迷執之想分。……諸賢！若眼有、色有、眼識有之時，知實有觸之施設。有觸之施設時，知實有受之施設。有受之施設時，知實有想之施設。有想之施設時，知實有覺知之施設。有覺知之施設時，知實有生起迷執想分之施設。」（同上，中部經典一，頁 154-156）

12

觀察「苦」

　　佛陀說四聖諦,其中第二聖諦表示,「苦」是依賴諸因而生起。此章提出的問題如下:「苦」和「苦因」兩者是什麼關係?「苦」是自生,或是由相異的他者產生,或是由自他共生,還是既非自生亦非他生?(佛陀曾探討這四個選項,參見 S II.18-19[1])論敵從【12.4】開始提出如下的假說:「苦」是人造成的,於是「苦是自生」的假說變成「苦的起因是這一期生命經歷苦之人」的觀點;而「苦」與「苦因」的另一種可能的關係則是「苦的起因是另一期生命的他人」。因為除了補特伽羅論者,所有阿毘達磨師皆主張「人」只是世俗實有(亦即只是概念虛構的產物),所以,此處的論敵必定是補特伽羅論者。(根據補特伽羅論者的說法,「有苦而無感受此苦之人」的這個想法很荒謬。)【12.2-8】討論前兩項假說(「苦是自生」,以及「苦是他生」),【12.9】則討論後兩項假說。

【12.1】主張:「苦」非由自生,非由他生,非由自他共生,亦非無因而生。

【12.2-4】破斥「苦」是由自生。

【12.5-8】破斥「苦」是由他生。

【12.9】破斥「苦」是由自他共生或無因生。

【12.10】運用相同策略破斥外境。

【12.1】

> 有人說「苦」是由自生，
>
> 有人說「苦」是由他生，
>
> 有人說「苦」是由自他共生，或說「苦」是無因而生。
>
> 然而，認為「苦」是「果」並不正確。

此頌最後一句陳述龍樹即將論辯的結論：就勝義而言，將「苦」視為「果」，亦即由自生、他生、自他共生或無因生的產物，這是不正確的。【12.2】即將展開論證，支持這個結論。

【12.2】

> 如果「苦」是由自生，
>
> 則非依緣而有，〔但這很荒謬，〕
>
> 因為此諸蘊
>
> 依賴彼〔過去的〕諸蘊而生起。

關於「五蘊」的教理，參見【4.1】。當五蘊被視為執取的對象時（亦即當五蘊被視為「我」或「我所」時），據稱此諸蘊皆有「苦」的本質。如果正在受苦的是五蘊，則說「苦」自生，即是說五蘊是自生的，也就是五蘊脫離其他一切法而獨立存在。但是五蘊無常，

皆依賴因緣而生起，此因緣即是先前的（同樣是無常的）五蘊。因此，「苦」不可能是自生的。如果苦是自生，則它將恆存，也就不會有滅苦之道。

【12.3】

> 如果此諸蘊異於彼諸蘊，
> 或彼諸蘊有別於此諸蘊，
> 因為此諸蘊將由彼等諸蘊產生，
> 所以，「苦」是由他所生。

此頌的假說如下：由現前五蘊構成的「苦」，起因是前世相異的五蘊。這是理解「苦是他生」——由異於此苦的事物所引起——之義的一種方式。根據月稱的解釋，反駁此說的論證是相異事物之間的因果關係並不可得。為了支持這一點，他引用【18.10】。此論證的內容是，如果因果相異，則任何事物皆可成為其他任何事物的起因，於是我們既可用陶土製成瓶，也可用牛奶製成瓶，但這與事實不符。既然因果之間必定有某種關連，自然導致「存在於現前五蘊的苦，不可能由先前相異的五蘊產生」的結論。

此時，補特伽羅論者提出異議，他們說所謂「苦由自生」，並非指某個「苦」的存在是由此「苦」本身所造成，而是表示「苦」的起因是受苦的那個人，那個人受苦並非由於與他相異的某個人。龍樹對此回應如下：

【12.4】

> 如果「苦」是由人自己所造成的，
> 那麼，自己造苦，
> 而且離苦之此人

究竟是誰呢？

　　補特伽羅論者的難題是，他們認為人依賴五蘊而被命名與形成概念，既然「苦」所在之處即是此五蘊，這等於是說人是依賴「苦」而被命名與形成概念。當補特伽羅論者說人依賴 x 而被命名與形成概念時，這表示人絕不會脫離 x 而單獨存在。此外，這似乎也表示人就存在於 x 之中。所以，補特伽羅論者的立場即是「人正存在於苦之中」。如果人正存在於苦之中，那麼「苦是由人自己所造成」的假說，真正的意思是「苦是由自生」，而此假說在【12.2】中已被駁回。既然「苦無法由苦本身造成」的觀點已被認可，補特伽羅論者理應解釋究竟是誰可以說是造成苦「自生」的這個人？誰是脫離苦而獨存的人（即此頌一開始所提到的「人自己」）？

　　對補特伽羅論者而言，另一個選擇是「苦是由他生」的說法，亦即苦的起因是異於受苦者的另外一人。【12.5-8】將探討這項假說。

【12.5】

　　如果〔某人 y 的〕「苦」是另一人 x 所造成，

　　那麼，另一人 x 既已造成「苦」，

　　又如何會有無苦的此〔人 y〕

　　蒙受此苦？

　　第二個選項是說「苦」由一期生命的某人所造成，並且讓另一期生命的另一人來蒙受此苦。這個假說似乎使得業報變得不公平，因為如此一來，一個人會由於他人的善行或惡行，而得到獎賞或受到懲罰。不過，龍樹提出的問題是，「苦」無法加諸於不存在的人身上。為了讓 x 有可能給予 y 某物，y 必須存在於「給予」這個行

動之前；而如果有人存在於「苦」被給予之前，則此人必須已經存在且無苦。這和補特伽羅論者所持的立場——人的命名與概念化依賴五蘊，也因此依賴「苦」——相牴觸。

【12.6】

> 如果「苦」是另外一人所造成，
> 那麼，這個無苦卻製造苦，
> 而且將此苦加諸於他人之人，
> 究竟是誰呢？

再者，是誰將此苦加諸於他人？這樣的人不可能無苦，又有另外一人將此苦加諸於此人嗎？【12.7】將探討這種說法導致的難題。

【12.7】

> 「苦」由自生若不能成立，
> 「苦」又如何可能是由他生？
> 因為由他者所造成的「苦」，
> 對於他者而言，此苦勢必是自生的。

如果一個人在某一世讓「苦」成為另一世之人的苦因，那麼是誰讓「苦」成為前世那個人存在的原因？如果人是依賴五蘊而被命名與形成概念，而且此五蘊的存在是因為前世之苦，那麼，我們就會面臨無窮後退推論的開端。若要避免這個無窮後退的推論，唯一的方法就是讓前世之人存在的「苦」變成是自生的，但這個說法在前面已證明不可能成立。

【12.8】

> 首先，「苦」並非由自生，
> 它也絕非由彼所造成；
> 如果他者不可能由自生，
> 「苦」如何會由他者產生？

　　【12.8】概述反駁苦是由自生或他生的論證。如月稱指出，認為「事物能夠自生」的想法是矛盾的。但是如果無有自生的事物，我們如何找得到能產生其他事物的彼者（自體）？

【12.9】

> 如果「苦」是由自生或他生，
> 或許可能會由自他共生。
> 如何會有非自生亦非他生，
> 或無因而生的「苦」？

　　認為「苦」是由受苦者自己和他人共同造成的第三項假說，承繼前兩項假說的缺失，而且具有「自」、「他」二詞彼此矛盾的難題。第四項假說，則會讓我們認為「苦」的生起沒有任何原因。《無畏論》一語道破，直言此說「大錯特錯」。

【12.10】

> 根據以上四種假說的其中任何一種，
> 「苦」都不可得，
> 根據以上四種假說的其中任何一種，
> 一切外境也不可得。

　　根據佛護的注釋，反駁外在事物或外境的論證如下：「色」或物質若非由自生，即是由他生，或由共生，或無因而生。但是，「色」不可能由自生，因為任何事物都不是自生的；「色」也不可能由相異的事物造成，否則彼相異的事物將會是自生的。「聲」等五處皆如上述。

---

[1]《相應部·因緣相應》第十七經（S II.18-21）：「『瞿曇！苦是自作耶？如何？』世尊曰：『迦葉！並不然！』『瞿曇！苦是他作耶？如何？』世尊曰：『迦葉！並不然！』『瞿曇！苦是自作而他作耶？』世尊曰：『迦葉！並不然！』『瞿曇！苦非自作、非他作、是無因生耶？如何？』世尊曰：『迦葉！並不然！』……『迦葉！如作者與受者是同一，汝先以苦是自作者，如是之所説者，是墮於常見者。迦葉！如作者與受者是相異，於受重壓者苦是他作者，如是之所説者，是墮於斷見者。迦葉！如來説：離此等兩極端之法。緣無明而有行，緣行而有識……如是則為全苦蘊之集。由無明之無餘、離貪滅，乃行滅，由行滅乃識滅……如是則是全苦蘊之滅。』」（《漢譯南傳大藏經》，相應部經典二，頁 22-24。譯按：原書標示出處為 S II.18-19，這段經證是佛陀對苦之四因的否定；關於佛陀對此四因的詳盡解釋，詳見 S II.20-21）

13

觀察「行」

　　根據月稱的注釋，此章的主題是「有為」（梵 saṃskṛta）。此詞的字義是「透過聚合而造成的」（made through a coming together），換句話說，即是由不同部分組合的或混合的。但是在此它的語意有模稜兩可之處，既可表示由零件構成的組合體，例如車子；也可以表示透過一組因緣和合而產生的事物。佛教徒皆贊同任何符合第一種意義的組合體並非勝義實有，它們皆缺乏自性。但是，阿毘達磨師則認為諸法是第二種意義的組合體，而非第一種意義的組合體，因此，他們主張持有諸法勝義實有的見解並無任何疑難之處。中觀論者卻不同意，他們主張任何符合第二種意義的組合體和第一種意義的組合體，同樣皆是「空」的，而且既然一切被認為實有之物都是因緣的產物，這表示一切皆無自性。本章聚焦於一段佛陀的開示，檢視不同宗派對此相持不下的解讀，藉此探討對於此主題的爭辯。

　　本章的重要性經常被忽略，有部分的原因可能是月稱所定的章題——〈觀察行〉（An Analysis of the Composite），《無畏論》和清辨的章題卻是〈觀察真性〉（An Analysis of Reality〔梵 tattva〕），而佛護稱此章為〈觀察空性〉（An Analysis of Emptiness）。既然中觀論者

認為諸行（即一切有為法）皆是「空」的，而且真性皆以空性為「相」或特徵，這三個章題其實顯示同樣的事實，只是如果安立另一個章題，或許更能凸顯這項事實的重要性。本章的論證概述如下：

【13.1-2】訴諸佛陀的經教以證明空性。
【13.3-4ab】反駁：變異的事實即是證據，證明並非所有事物都是中觀派所謂是「空」的 。
【13.4cd-6】回應：不空的事物不可能有變異。
【13.7】診斷：以上反駁誤以為空性必定是實有事物的一項特性。
【13.8】結論：空性去除一切形上學的見解，包括將空性本身視為形上學的空性見；空性本身亦是「空」。

【13.1】

　　凡在本質上是欺誑者，皆是虛妄的，
　　此是世尊所宣說。
　　而諸行既以欺誑為本質，
　　因此，它們即是虛妄的。

　　各家的注釋皆從一不知名的經典援引以下經文：「虛誑者，即是妄取相；第一實者，所謂涅槃，非妄取相。」[1]（類似經文見於 M III.245、M II.261、S III.142 和 Sn 160–61）[2] 佛陀這段開示的重點似乎是說，因為諸行或任何有為法都是無常的，所以，渴求此等事物既無用且愚蠢。由於諸行呈現出似乎可能持續存在的假象，所以是欺誑的；唯有無為的涅槃，才真正值得努力去追求。

【13.2】

如果佛陀「凡以欺誑為本質者皆虛妄」的開示是真實的，
那麼，人們被欺瞞而信以為真的存在物是什麼呢？
佛陀這段開示的目的，
是為了顯明空性。

　　根據《無畏論》，引發【13.2ab】問題的是以下這個事實：說
諸行以欺誑為本質，且是虛妄的，這即是說諸行非勝義實有。但是
如此一來，根本就沒有真正欺誑的事物，亦即並無任何我們信以為
真的事物。因此，佛陀如此說，必定有更深的用意。根據中觀派，
佛陀此說的深意是「諸行空無自性」。

　　在《無畏論》的注釋中，論敵接著反駁：在此經中，佛陀並非
教導「一切法空」，而是「人空」——人不是勝義實有，是不具有
自性者，因為人是由各部分構成的整體，也就是上述第一層意義的
「有為」。既然如此，人是虛妄的，因為符合這個意義的有為法是
無常的。這是阿毗達磨與大乘之間典型的論爭：雙方同意有空無自
性或缺乏自性之物，但是對於什麼事物空無自性，看法卻有歧異。
根據阿毗達磨的教義，人缺乏自性（梵 pudgalanairātmya，人無我），
因此不是勝義實有，而大乘的教義則認為一切事物皆空或缺乏自
性（梵 dharmanairātmya，法無我）。此外，如月稱所言，論敵駁回
大乘的詮釋，理由是那樣會導致斷滅論——一切皆不存在的見解，
而這顯然是錯誤的。【13.3】至【13.4ab】是論敵對經文的詮釋。

【13.3】

〔反駁：〕
就現存的事物而言，它們缺乏自性，
因為它們的變異顯而易見。

沒有無自性的現存事物〔是勝義實有〕，
這是由於現存事物的空性。

根據《無畏論》的解釋，【13.3ab】和【13.3d】的「現存事物」（梵 bhāva），皆是指「人」和符合前述第一層意義的其餘有為法；而【13.3c】「現存事物」（梵 bhāva）卻是指諸法，亦即第二種詞意的有為法。論敵在【13.3ab】解釋為何必須說「人」與其他有為法是「空」的，而在【13.3c】卻宣稱諸法不可能空無自性。有為法因為經歷變異，因此可說是「空」的。事物唯有在本身一部分不變而另一部分改變的情況下，才能改變，所以，任何有改變的事物必定有種種成分或零件，也因此必然無有自性。但是，包括諸法在內的一切事物皆「空」卻不可能為真，因為如此一來，就不會有任何事物是「空」的。中觀派和論敵同意空無自性者非勝義實有，可是中觀派主張一切事物皆空無自性，論敵卻認為這種看法在理路上並不連貫。根據月稱的注釋，論敵陳述如下：「沒有任何現存的事物缺乏自性，你們認為空性是現存事物的屬性，但是既然此屬性的持有者不存在，怎麼可能有依賴這個持有者的屬性？正如不孕婦女之子根本不存在，我們怎麼可能認為他具有黝黑的膚色這個屬性？因此，現存事物的自性確實存在。」（LVP，頁 240）如果有任何事物是「空」的，則必有勝義實有之物，而且它們必定是不空的。論敵在【13.4ab】繼續陳述他們的反駁。

【13.4】

如果自性並非實有的，
此中何者有變異？
〔論主回應：〕
如果自性是實有的，

此中何者有變異？

根據《無畏論》，論敵在【13.4ab】爭辯：具有自性的諸法必定存在，才會有所謂「分位變異」（change of situation）。毘婆沙師（梵 Vaibhāṣika）主張諸法存在於三時（過去、現在和未來），但是一法隨著不同的時間階段而有不同的運作：位於現在之法正在起作用，位於過去之法已起作用，而位於未來之法將會起作用。毘婆沙師認為，如果我們要解釋有為的實體（例如「人」這個實體）為什麼看來似乎有變異，上述主張必須為真。此外，他們也在【13.4ab】爭辯，除非真的有諸法經歷分位變異，否則不可能有分位變異。實有法無論過去、現在、未來必定皆有自性，因此「諸法皆空」不可能成立。

龍樹在【13.4cd】回應如下：如果具有自性的事物存在，則不可能有任何變異，【13.5-6】即是這個主張的論證。不過，月稱以「火的熱性」為例以作為佐證：因為沒有不熱的火，所以熱性是火的自性。他將在【15.2】以「水的熱性」為例，說明一種屬性並非具有此屬性者的自性。（對於這兩個例子的理解，都應該根據一般人對這些物質的概念，而非根據阿毘達磨部派發展出來的任何複雜的元素理論。）審慎思考為什麼熱水的熱性不可能是水的自性，這會讓我們更能了解此論證。

我們都知道水不需要熱性即可存在，所以我們說熱性是水的一個外在屬性（extrinsic property），因為我們認為造成水變熱的原因和水存在的起因不同，這表示水可以經歷由冷到熱的變化。但是當水經歷此變化時，水本身必定有某種東西讓它依然是水——起初是冷水，然後是熱水。假設我們將這個東西稱為水的自性（例如濕性），此時，我們已經賦予水兩個特性，一個是他性或外在屬性（水不是熱的，就是冷的），另一個是自性（濕性）。但是，這進而表示水（至少是一般人理解的水）不可能是勝義實有之物，因為具有

兩個特性之物即是具有種種成分或零件之物，也就是符合「有為」第一層詞意的事物。我們已經把兩個相異的屬性綁在一起，藉此得到水的概念，這就表示「水」是概念上的虛構之物。

如此一來，說此諸法經歷「分位變異」，即表示此說不可能是關於簡單本質的事物，但是毘婆沙師所謂的「分位變異」，據稱即是關於諸法（具有簡單本質的事物）的見解。因為正如上述「水」的例子，經歷「分位變異」之法如果經過時間的推移，必有一部分維持不變，而另一部分發生轉變。就「火」的例子而言（此時，火是諸法之一），維持不變的部分是熱性，而發生轉變的部分是它起作用的狀態（尚未運作、正在運作、不再運作）。但是，這只會顯示熱性其實並非火的自性，因為唯有勝義實有之物才具有自性，而毘婆沙師的說法卻顯示火並非勝義實有。有為法才可能變異，具有自性的勝義實有法不可能變異。

因此，自性必須是不偏離常軌的（undeviating），既然如此，由於它沒有偏離，即不可能有變異；因為寒冷不會出現在火中。因此，如果接受現存事物的自性，則不會有變異；既然現存事物的變異存在，所以無有自性。（LVP，頁241）。

【13.5】

> 所謂產生變異的事物本身有變異，
> 或是與之相異的事物有變異，
> 都是不正確的說法，
> 因為年輕人不會變老，老年人也不會變老。

如果年輕人是勝義實有，則其自性是年輕。老化則是年輕的壞滅，所以一個勝義實有的年輕人不可能是衰老者。老年人因為缺乏年輕這個自性，有別於年輕人，所以也同樣不可能是衰老者。如

果我們說變老的是「人」，起初是年輕人，後來是老年人，那麼我們等於是接受「人」是第一層含意的「有為」，也因此「人」並非勝義實有，這是因為我們會因此將「人」視為一法，此法永遠具有「人」的自性，但是有時有年輕的屬性，其他時間卻有衰老的屬性。所以，人在任何時間都有至少兩個本質，這讓人成為由不同成分組成之法。

　　此時，論敵另外舉出「牛奶變為凝乳」的例子。畢竟我們的確有牛奶變為凝乳的說法，這意謂有一事物從一種狀態轉變為另一種狀態。

【13.6】

> 如果彼事物有變異，
> 則牛奶本身即是凝乳；
> 若非如此，那麼除了牛奶之外，
> 還有什麼東西終究會有凝乳的本質？

　　假設牛奶和凝乳皆勝義實有，牛奶是液體，而凝乳是固體，所以如果發生變異而成為凝乳的是牛奶，則凝乳的固態早已存在牛奶之中，這是錯誤的。（如果上述說法為真，那又何必製造凝乳？）所以，我們可以駁回「發生變異的是牛奶」的假設。另一個可以選擇的假設是「發生變異的是異於牛奶的某事物」，但是這和我們的經驗相反，例如，我們無法用水製造凝乳。請注意，此處的論證是第一章破斥「自生」或「他生」的一種應用。

　　此時，論敵重述【13.3】提出的反對意見，大意是說否認自性的結果等於是斷滅論，不過是以另一種方式來陳述。在此，論敵主張「一切皆空」的說法在理路上並不連貫，如同月稱所描述的：「任何現存的事物皆有自性，而且你主張有現存事物的空性。因此，空

性所在之處——具有自性之物，確實存在。」（LVP，頁 245）。
龍樹對此反對意見的回應見於【13.7-8】。

【13.7】

> 如果不空的事物存在，
> 則「空」的事物也可能存在。
> 但是，並無任何存在事物是不空的，
> 那麼，「空」的事物如何存在？

　　雖然雙方同意有些事物空無自性，例如車子和人，但是論敵認
為要有空性，必得要有勝義實有的事物，以作為空性的所依或存在
之處。在此，龍樹同意論敵的說法：在勝義上，空性不可能存在，
除非以空性為特徵的勝義實有事物存在。但是他並未推翻自己「諸
法皆空」的主張——無有任何事物具有自性。這如何可能成立呢？
他在【13.8】中暗示，並且在【18.11】和【24.18】中明白表示，中
觀派不主張事物的空性是勝義實有。說事物是「空」的，等於說事
物非勝義實有，僅此而已，而事物非勝義實有的事實本身亦非勝義
實有。

【13.8】

> 空性是諸勝者教示的方便說法，
> 目的在於破除一切〔形上學的〕見解。
> 但有人卻以為空性是一種〔形上學的〕見解，
> 這種人向來被認為是不可救藥的。

　　【13.8】討論的「見解」是關於真實的勝義本質或形上
學（metaphysical）理論。此處的譯詞「方便」（expedient），字義

是「可排汙滌穢之物」[3]。所以，空性在此被稱為是一種通便劑或瀉藥（physic）。月稱引述《佛說大迦葉問大寶積正法經》（*Kāśyapaparivarta Sūtra*）第六十五節，一段佛陀和迦葉（Kāśyapa）尊者的對話如下：

「迦葉！譬如有一病人，醫生給此人一劑瀉藥，此藥入腹，盡除此人有害的體液，但此藥本身卻未被排出體外。迦葉！你認為此人會解脫病痛嗎？」

「世尊！不會，如果瀉藥清除一切有害體液，但此藥本身卻未排出體外，那麼，此人的病情將會更加嚴重。」[4]

因此，空性滌除一切形上學的見解，連被詮釋為形上學見解的空性本身（空性見）也不例外，在此情形下，空性或可稱為一種「瀉藥的瀉藥」（meta-physic）。(5) 相較之下，佛護以肯定的方式概述這個情況，他說凡是不犯此過失而正見諸法者，「這些人見空性亦是空」。

---

[1] 參見《中論》（青目釋），《大正藏》冊 30，頁 17a-b。

[2] 《界分別經》（M III. 245）：「比丘！如何彼虛妄法，是虛妄，彼不虛妄法〔即〕涅槃是諦。是故，具足如是之比丘，乃具足此最上諦之住處。比丘！如何彼最上聖諦，此即不虛妄法、涅槃也。」（《漢譯南傳大藏經》，中部經典四，頁 254-255）
《不動利益經》（*Āṇañjasappāya-sutta*, M II. 261）：「諸比丘！欲為無常、空虛、虛偽、愚痴法。諸比丘！是為誑而愚者之浮言。」（同上，中部經典三，頁 275）
《相應部‧蘊相應》第九十五經（S III.142）：「諸比丘！有如是行之過去、未來、現在……乃至……遠、近。比丘見此觀之，如理於觀察。彼見此觀之，如理於觀察：則無所有、無實、無堅固。諸比丘！如何於行有堅實焉！」（同上，相應部經典三，頁 200）

關於虛誑妄取法在《經集》中的相關經文，參見《經集·大品·二種隨觀經》（Sn 147-148）：「愚者如所思，由思為所異，愚思成虛妄，暫法虛妄法。涅槃非妄法，諸聖知真實，彼等解真理，無愛故寂滅。」（同上，小部經典二，頁 211。譯按：原書引用《經集》的出處 Sn 160–61，似乎有誤。）

[3] 「expedient」一詞的語源有「擺脫或迅速處理」之意。

[4] 參見《佛說大迦葉問大寶積正法經》：「『迦葉！寧可見彼補特迦羅如須彌山量，勿得離我而見彼空。何以故？破我斷空執一切空，我則說為大病，而不可救。』佛告迦葉：『譬如人病，其病深重，而下良藥，令彼服行。藥雖入腹，病終不差。迦葉！此人得免疾不？』迦葉白言：『不也，世尊！』佛言：『於意云何？』『世尊！此人病重故，不可療也。』佛言：『迦葉！彼著空者，亦復如是。於一切處深著空見，我即不醫。』」（《大正藏》冊 12，頁 207b）

(5) 古希臘皮羅懷疑論者（Pyrrhonian skeptics）也有提到，運用瀉藥會連自身也清除的譬喻。參見 Diogenes Laertius, *Lives of Eminent Philosophers*, vol. 2 (Cambridge MA: Harvard University Press, 1931), p. 76。（譯按：作者此處用「meta-physic」，一語雙關。「physic」意指「瀉藥」，形似「physics」〔物理學〕。「meta-」有「在……之後」或「在……之上」之意，例如希臘哲學家亞里斯多德著有《Physics》，探討自然哲學，後來又著述《Metaphysics》，探討自然哲學背後的理論或原理，後人稱之為「形上學」。在本文中，空性不僅被喻為「瀉藥」〔physic〕，甚至可說是「〔處理〕瀉藥的瀉藥」〔meta-physic〕，因為它不僅可滌清一般「形上學的見解」〔metaphysical views〕，甚至可掃除「空性見」這種對空性的形上學見解。）

觀察「和合」

　　所謂「和合」（conjunction）或「觸合」（contact），是發生在感官（例如能見的眼根）與其對象（例如形色）之間的關係，並且造成識的生起（例如看見一塊有顏色的補釘。參見【3.7】）。各家注釋描繪的論敵皆反對前一章所提出的論證，他們說既然佛陀曾教示諸根與其對境和合，必有彼此相觸的勝義實有法，也因此必定有具自性的事物存在，「諸法皆空」不可能成立。此章完全是龍樹對此反對意見的回應，其論證架構是破斥「和合」為勝義實有的可能性。

【14.1-2】主張：無有任何實體進入彼此和合（觸）的關係。
【14.3-4】理由：和合的先決條件是和合的實體彼此相異，但是此相異性並不存在。
【14.5-7】破斥相異性。
【14.8】結論：因為相異性不存在，因此不可能有和合。

【14.1】

> 所見的對境、能見的眼根和見者，
>
> 此三者無論兩兩成對，
>
> 或是三者一同，
>
> 都不與彼此和合。

根據月稱的解釋，所見的對境是形色，能見的眼根是視力，見者是識。眼根、色境和眼識三者為一組，其餘五根、五境和五識也是如此，總共構成十八界。關於「十二支緣起」的教理，有些詮釋認為此三者之間皆有「觸」，而「觸」最初引起「受」，接著造成貪愛；其他有些詮釋則認為眼根和色境之間有「觸」，眼識則是「根」、「境」、「觸」所造成的結果。龍樹的論證有意用於一切關於此教理的詮釋，因此，頌文說「無論兩兩成對，或三者一同」。

【14.2】

> 貪染、貪染者和貪染的對象，〔亦〕應如是看待。
>
> 其餘煩惱和其餘諸處，
>
> 也應該以〔動作、動作者和動作的對象〕三者一組的方式。
>
> 同樣地來看待。

三種煩惱（梵 kleśa）即指貪、瞋、痴，因此，【14.2】所謂「其餘煩惱」，意指除貪染之外的瞋恚和愚痴兩種煩惱。至於「其餘諸處」，參見【3.1】。上述提及的所有情況皆涉及三種事物：活動力（例如視力、貪染）、動作者（例如見者、貪染者），以及對象（例如可見之物、可愛之物）。龍樹即將進行論辯，證明在各個情況中，這三者之中並無任何一個可以和其他兩者和合或相觸。

【14.3】

> 相異事物之間才會有和合，
> 但是，就所見之物等法而言，
> 相異性並不存在，
> 因此，它們之間並無和合。

「相觸」或「和合」的先決條件是兩個或兩個以上的相異事物。為了支持這一點，清辨指出一個實體不與自身相觸的事實。此外，如龍樹之後的論證所示，在勝義上並無一法異於另一法之事。如此一來，在所見之物和其餘諸法中不可能有和合。

【14.4】

> 再者，不僅所見之物等法之間
> 其相異性不可得；
> 任何事物與其他事物彼此之間，
> 也不可能有相異性。

從【14.5】開始，此論證將概括一切處與煩惱。既然這些情況中，無任何動作、動作者和對象在勝義上彼此相異，則不可能在勝義上相互和合。

【14.5】

> 相異者是依賴與之相異者而成異，
> 而脫離與之相異者，則不成異。
> 當 x 依賴 y 之時，
> 則 x 異於 y 並不成立。

【14.6】

如果相異者異於與之相異者，

那麼，〔即使〕無有與之相異者，相異者本身也會有異。

然而，相異者若無與之相異者，則不可能成異，

因此，相異性並不存在。

【14.7】

相異性不存在於相異者之中，

亦不存在於不相異者之中。

既然相異性不可得，

則無相異，亦無不相異。

此處的論證如下：一事物的相異性總是難免提及他者，也就是與之相異的一方。因此，事物的相異性不可能是它的自性或固有特質，此相異性是依賴他者的存在。月稱舉「長和短」為例，因為事物唯有和比它長的另一物相較之下，才可稱為「短」，所以「短」不是那事物所擁有的自性，不是它可以與其他一切事物區隔的憑藉。相異性「在勝義的觀察下，是不存在的」，亦即相異事物的存在並非勝義諦（請注意，這並不表示「一切即一」是勝義諦）；相異性是「藉由世俗慣例而成立的」。換句話說，相異性就如車子，只是因為我們言談和思維的方式而存在於此世間。

要明瞭「相異性」何以不可能是勝義實有法的特性，另一方法是思考「稱相異性為自性」究竟代表什麼意義？所謂「自性」，是一事物即使獨存於宇宙也可擁有的屬性。這種事物可以說是相異嗎？而且，可以說它是不相異嗎？這裡的言外之意是，為了將一事物視為有異，我們必須將此物與其他事物並列，而這是心的想像力的作為（這也適用於事物的不相異，即與自身同一）。因此，相異性是透過心的想像力強加於世間的一種特性。

【14.8】

> 說此法與自體和合是不正確的，
> 說此法與他法和合也不正確。
> 當下正在和合、和合的對象與和合者，
> 此三者皆不存在。

　　根據《無畏論》，【14.8ab】的論證是，和合必須涉及被視為獨立於其他一切之外的一事物（譯按：即自體），否則就是發生在彼此相異的事物之間。如前述論證所示，欲使兩事物彼此相異，兩者必須被放在彼此依賴的關係之中，例如唯有依賴布異於瓶，瓶才會異於布。既然處於彼此依賴關係的兩者不可能是勝義實有，而和合的先決條件是相異事物的存在，因此關於此假設，和合不可能成立。另一個選擇是不提及布，而直接考慮瓶，但是若要有和合，必得有兩個相異的事物，一事物不可能與其自身和合。因此，和合不可能是勝義實有。

15

觀察「自性」

　　根據阿毘達磨，所謂「勝義實有」即是具有自性。一事物不依賴其他事物的特性，而以它本來的面目存在，只有在這個情況下，此事物才是勝義實有。要測試一事物是否具有自性，就看經過徹底拆解或分析後，它是否仍然保有其特性。（參見 AKB 6.4）因此，正因為車子的特性不存在於它的零件中，車子便不是勝義實有。龍樹將在這一章論證，主張任何依因待緣而生的事物必定缺乏自性，也因此是「空」的。既然大多數佛教徒相信一切事物皆依因待緣而生，此論證等於是支持「佛教徒信以為實有的一切事物皆是空」的主張。

　　這一章我們依往例採用月稱的章題，但值得注意的是《無畏論》、佛護和清辨皆用另一章題 ──〈觀察有與無〉（梵bhāvābhāvaparīkṣā；An Analysis of the Existent and Nonexistent），這或許更能呈現本章的目的，因為龍樹證明一切緣生法必無自性之後，即運用此結論，聲明中觀是「中道」（middle path），離「有」、「無」兩個極端，亦即一個極端是認定有勝義實有法，另一極端則堅持在勝義上無一物存在。他這種作法，正是試圖表明中觀派「諸法皆空」

的教義不僅避免形上學斷滅論的問題（參見第十三章），而且代表正統佛法的延伸。本章的論證概述如下：

【15.1-2】論證：無有任何依賴相異因緣而生的事物可能具有自性。

【15.3】如果無自性，則不可能有他性。

【15.4】如果既無自性，亦無他性，則不可能有現存的事物。

【15.5】如果無現存的事物，則不可能有不存在的事物。

【15.6-7】主張：佛陀摒棄恆常論與斷滅論，也就是否定在勝義上事物的存在或不存在。

【15.8-11】以上主張的論證。

　　　　【15.8-9】任何具有自性者皆不可能滅去。

　　　　【15.10-11】解釋為何說事物在勝義上存在等於是恆常論，而說事物在勝義上滅去等於是斷滅論。

【15.1】

　　　說自性藉由因緣而產生
　　　這說法並不正確。
　　　由因緣產生的自性，
　　　將會是一種產物。

　　　月稱解釋【15.1】論證如下：一個新近生起之事物的自性，不可能早已存在產生它的因緣之中，因為如此一來，此事物的產生將變得毫無意義，例如，如果柴薪之中已有熱性，那何必費力生火取暖？所以，如果有自性，此自性必定是因緣的產物。但這是不可能

的，因為會造成【15.2】探討的難題。

佛護的注釋讓【15.1】有略為不同的詮釋。相對於月稱為了說明「生」（梵 saṃbhava），以「種子生新芽」和「十二支緣起的無明生諸行」為例，佛護所舉的例子則是「紡線與布」。月稱的例子是與出現於因緣之後的產物有關，而紡線與布的關係比較類似車和零件，也就是同時存在的事物之間的構成關係。以此觀之，則【15.1】的論證是，一現存事物的自性不可能依賴構成它的零件和這些零件的特性，因此這會把想像中的自性變成外來的，或是從這些零件挪借而來的事物。正因為車子的一切屬性都從車子的零件挪借而來，所以，車子並非勝義實有。如此解讀【15.1】的論證，則我們在【15.2】解說中所探討的問題將不會出現。

【15.2】

> 然而，自性怎麼可能會是
> 造作而成的產物呢？
> 因為自性即是非造作的，
> 也不依賴其他事物。

「自性是產物」這個主張有一個難題，亦即「自性」和「產物」這兩個詞是彼此矛盾的。根據月稱的解釋，我們通常說熱水的熱性，或石英的紅色（平常是白色的），都不是它們的自性，因為這些屬性是不同因緣的產物。熱水會熱，是因為靠近火；石英可能是因為含過多鐵質而呈現紅色。水和石英會有這些屬性，所依賴的因緣皆是外來的，或是和水與石英的存在無直接關係的。但是「屬性也必須是因緣的產物」這一點，在【15.1】已經論證過，例如火必須依賴柴薪、空氣和摩擦才會發熱，所以，熱性是一種產物，它不可能是火的自性。

我們可能要暫時跳開偈頌本身和各家的注釋，仔細思考這個論證。中觀論者時常基於某事物依因待緣而生，而主張此物的空性，例如月稱在 1.10（LVP，頁 87）、18.7（LVP，頁 368）和 22.9（LVP，頁 440）的注釋即如是說，我們在【24.18】也會看到龍樹提出同樣的主張。但是，【15.2】提出的論證似乎是唯一明確支持這項主張的論證。要支持這個主張或許有其他方式，例如，如果因果關係確實是概念上的建構（如第一章和第二十章所試圖證明的），那麼，或許可以論證凡是被認為因緣所生者，無一是勝義實有。但是，龍樹似乎唯有在【15.2】試圖證明自性不可能是因緣所生。問題是此論證是否有效？

　　答案可能是否定的，因為石英和火這兩者之間有重大的差異。我們將紅色稱為石英的「他性」（外來屬性），因為造成石英呈現紅色的原因和石英形成的原因不同。在沒有紅色的情況下，石英仍可以開始存在（而且通常皆是如此）。火的熱性卻非如此，無論火何時開始出現，熱性也必然存在。所以，熱性的起因看來似乎正是火的起因。而且如此一來，說熱性對於火而言是他性或外來的屬性，似乎就顯得很奇怪。熱性是因緣所生的事實，似乎與「它是否為火的自性」這個問題無關。

　　不過，也許有個方法可以回應這個異議。或許龍樹的用意是火的存在必須被認為是異於熱性這個屬性，否則熱性無法被視為火「所有之物」——火取自於因緣且據為己有之物。如果檢驗一事物是否勝義實有的準則是其具有自性，那麼此物和它的自性在概念上必須是可區分的。「法」（梵 dharma）一詞的這個概念其實和一般阿毘達磨師公認的一個相關描述密不可分：所謂「法」，即是具有其自性者。（參見 AKB 1.2、As §94，頁 39）看來阿毘達磨師的一貫立場，似乎是將一法與其自性相提並論（因此，將諸法視為等同於當今哲學家所稱的「殊性」〔trope〕），而且的確有擁護此觀點

的阿毘達磨師。（這是月稱探討「羅睺之首」〔the head of Rāhu〕
[1] 之例時所抨擊的對象。參見 LVP，頁 66。）但是，這個觀點可
能直到龍樹所處年代之後很長一段時間才廣受支持。

【15.3】

　　鑒於自性不存在，
　　怎麼會有他性（梵parabhāva）？
　　因為另一現存事物（梵parabhāva）的自性
　　即被稱為「他性」。

　　「他性」是從相異事物挪借而來的特性，例如水的熱性或車子
的形狀。龍樹主張既已證明無自性，也就可以推斷無他性。此論證
有兩種理解方式：（一）若要說熱性是水的他性或外來的特性，我
們需要先確立水是何物。除非知道水在本質上是什麼東西，也就是
何種樣態才是水，否則我們不能說熱性只是水的外來屬性。而要確
立水是何物的先決條件，即是水具有自性。（二）欲使車子從它的
零件挪借車子的形狀，這些零件本身必須存在，而欲使這些零件在
勝義上存在，它們必得有自性。因此，如果沒有任何事物具有自性，
也就不能說有任何事物具有他性；除非具有自性的事物存在，否則
沒有任何事物可以挪借特性。

【15.4】

　　再者，若無自性與他性，
　　怎麼可能有現存的事物？
　　因為有自性或他性的存在，
　　現存的事物才得以成立。

一事物唯有在一種情況下可稱為「現存的事物」（梵 bhāva）：它具有某種特性——若非自性，即是他性。既然自性、他性在理路上都說不通，自然導致「在勝義上不可能有現存事物」的結論。不過，此處可能也有一語雙關的用意，梵語「bhāva」可以代表「特性」或「現存事物」。

【15.5】

如果現存的事物（有）不能成立，

則非現存的事物（梵abhāva，無）也不能成立。

這是因為人們聲稱「非現存的事物」，

即是現存事物的變異。

　　一般人很容易將【15.4】的結論解讀為「無有任何事物存在」或「一切皆不存在」，但是龍樹予以否認。欲使我們某個舉止顯得粗魯無禮，那麼，某些舉止是文雅有禮的可能性必須存在；換句話說，至少要有文雅有禮的可能性，否則不可能有粗魯無禮。存在（有）和不存在（無）也是如此，欲使「一切皆不存在」成為勝義諦，至少勝義實有法必須有可能存在。但是其先決條件是我們要能夠弄清楚自性究竟是什麼。此章到目前為止的論證皆指出，我們無法以佛教徒可接受的方式理解「自性」是什麼。

【15.6】

自性與他性、

存在與不存在——

凡是有此諸見之人

即未能見佛陀教法中的真諦。

【15.7】

> 在《迦旃延經》中，
> 澈見存在與不存在的佛陀，
> 對於「它存在」（有）與「它不存在」（無），
> 兩種說法皆否定。

此處的經證相當於梵文的《迦旃延經》（*Kaccāyanagotta Sutta*, S II.17, III.134-35）[2]。佛在此經告訴迦旃延，他的「道」是離「有」、「無」二邊見的中道。根據阿毘達磨師對這段經文的解讀，佛陀摒棄的是關於「人」的兩種極端見解：一個觀點是相信有自我，因此人能恆存；另一個觀點是並無自我的存在，因此（在一期生命結束後，或甚至在當下這一刻結束時）人即灰飛煙滅或變為不存在。所謂「中道」，即是主張雖然「人」是無我的，卻有五蘊的因果相續，為求方便而將此稱之為「人」。

龍樹認為，雖然阿毘達磨關於「人」的主張並非不正確，但是佛陀在此經的開示卻有更深的法義，亦即有一中道，介於認為勝義上有現存事物以及無任何事物存在這兩種極端的見解之間。此外，如各家注釋所明確指出的，將空性論稱為中道，即是說我們可以否定任何一端的邊見，而不落入另一邊見。至於如何做到這一點，各家說法不一。不過，月稱引用《月燈三昧經》（*Samādhirāja Sūtra*）所說如下：

> 有無皆邊見，淨穢亦邊見，
> 智者離兩邊，亦不住中間。（LVP，頁270）

月稱言下之意是，中觀派的中道並非和兩個極端處於同一個連續體（continuum）的「溫和」（moderate）或折衷的立場，而是必

定會摒棄造成該連續體的隱含假設。

　　對於《迦旃延經》的不同詮釋，是阿毘達磨與大乘關於空性論爭的一種變體——是「諸法皆空」（法空），還是唯有「人空」？（參見【13.2】）根據阿毘達磨師的主張，如果諸法皆空，會導致斷滅論或虛無主義（全體皆不存在）的荒謬結論，也許可以將這兩頌視為龍樹對這個指責的回應。

【15.8】

　　如果一事物果真以本性而存在，

　　則這種事物不會變為不存在。

　　這是因為本性會變異

　　是永遠不能成立的。

【15.9】

　　〔論敵反駁：〕

　　如果本性不存在，

　　擁有變異事實的是何者？

　　〔論主回應：〕

　　如果本性確實存在，

　　擁有變異事實的又是何者？

　　【15.9】中所謂「本性」（梵 prakṛti；essential nature），意指「自性」。此處提出新的論證：如果事物因為擁有自性而為勝義實有，則此等事物就不可能滅去。如果自性不依賴因緣，則事物將不依賴其他任何因素即擁有其自性。然而，這應該表示此事物沒有理由喪失其自性而滅去。因此，認為具有自性的勝義實有法存在的教理，不知不覺地導致「存在者恆常不變」的結論。

【15.10】

　　認為「它存在」是一種常見；

　　認為「它不存在」是一種斷見。

　　因此，智者不應依賴

　　存在（有）或不存在（無）。

【15.11】

　　因為凡以自性存在者

　　不會變為不存在──恆常論於焉而生；

　　「它先前存在，

　　〔但是〕此刻不存在。」──斷滅論於焉而生。

　　佛陀在《迦旃延經》所指的這兩個邊見（極端見解），也稱為「恆常論」與「斷滅論」（關於這些見解，詳見【17.10】的解說）。根據龍樹此處的詮釋，此二邊見分別意指認為事物具自性而存在的見解，以及認為缺乏自性──事物全然虛幻不實──的見解。此處論證如下：第一種見解導致的結論是，勝義實有法是恆常的；而第二種見解導致的結論是，在勝義上無任何一法存在。所以，即使佛陀對迦旃延的這段開示只是探討人的存在（有）和不存在（無），並未明言他的中道離一切實體的「有」、「無」，龍樹卻認為如此引申佛陀這段對迦旃延所說的話，似乎相當合理。

---

[1] 根據印度神話，有一阿修羅名叫「羅睺」（梵 Rahu），因為飲甘露被毗濕奴（梵 Vishnu）砍頭。由於當時甘露尚未入喉，所以身壞而頭顱長生不老。這顆永不壞滅的頭顱，稱為「羅睺之首」。

[2]《相應部‧因緣相應》第十五經（S II.17）：「迦旃延！此世間多依止於有與無之兩〔極端〕。迦旃延！依正慧以如實觀世間之集者、則此世間為非無者。迦旃延！依正慧以如實觀世間之滅者，則此世間為非有者。……迦旃延！說『一切為有』，此乃一極端。說『一切為無』，此乃第二極端。迦旃延！如來離此等之兩端，而依中道說法。」（《漢譯南傳大藏經》，相應部經典二，頁 19-20）

《相應部‧蘊相應》第九十經（III.134-35）：「迦旃延！此世間多依二〔邊〕，或有，或無。迦旃延！若以正慧如實觀世間之集者，於世間不生無見。迦旃延！若以正慧如實觀世間之滅者，於世間不生有見。……迦旃延！〔一切是有〕者，此是一邊；〔一切是無〕者，此是一邊。迦旃延！如來離此二邊，依中而說法。」（同上，相應部經典三，頁 190-191）

觀察「繫縛」與「解脫」

對於前一章的結論，論敵的回應是以下的反駁：自性必定存在，因為如果沒有經歷輪迴再生的現存諸法，就不會有生死輪迴的繫縛，也不會有輪迴的解脫。關於輪迴再生者，有兩種可能：第一，諸行（梵 saṃskāras）或組合而成的事物，亦即依賴先前因緣而生的無常五蘊（身心元素。因此是第十三章所觀察的「有為」）；第二，被認為是諸組合元素構成的「人」或「補特伽羅」（梵 pudgala）。在本章中，即仔細地探討這兩種可能。本章的論證概述如下：

【16.1a-c】破斥「輪迴再生的是五蘊等身心元素」的主張。

【16.1d-3】破斥「輪迴再生的是補特伽羅」的主張。

【16.4-5】破斥「得解脫者若非五蘊，即是補特伽羅」的可能性。

【16.6】「繫縛」無法以「執取」來解釋。

【16.7-8】破斥「三時中任何一時有繫縛與解脫」的可能性。

【16.9-10】對於繫縛與解脫的破斥，在解脫論方面所導致的結果。

　　　　【16.9】解脫的詭論：「人可能證得解脫」的想法反而
　　　　　　　　障礙解脫。

【16.10】詭論的消解：勝義上既無輪迴再生，亦無解脫輪迴。

【16.1】

　　如果經歷輪迴再生的是諸行，

　　恆常的諸行不輪迴再生，

　　無常的諸行亦不輪迴再生；

　　如果輪迴再生的是眾生，〔破斥的〕方式亦同。

　　假設經歷輪迴再生的是組合而成的五蘊（身心元素），則此五蘊若非恆常的，即是無常的。若五蘊是恆常的，則無變化，而不變者則不起任何作用；一實體唯有藉著某種改變才能造作。但是輪迴再生涉及造作，亦即一個人基於此生的種種行為，從此生到來生。因此，恆常的五蘊不可能是輪迴再生者。然而，無常的五蘊也不可能是輪迴再生者。說五蘊無常，等於是說五蘊剎那不住，也就是從一剎那到下一剎那的時間推移中，五蘊不持續存在。如此一來，五蘊既無法經歷變異，也不可能具有因果效力。（請對照【1.6–7】的推論）不變的恆常法無法經歷輪迴再生的理由，也同樣適用於不變的無常法——它也不能說有輪迴再生。

　　上述考察讓「輪迴再生者不是諸蘊，而是補特伽羅」的說法可能得以成立。如果補特伽羅或眾生是由五蘊所構成，那麼，補特伽羅看來似乎可能正是輪迴再生者，因為如此一來，補特伽羅即可當作一個持續存在者，依不同時間而有不同的無常五蘊作為其構成要素，所以它既可持續存在，亦可經歷變異。但是，龍樹否認這是個有效的解決方法，因為上述對於諸行輪迴再生所假設的推論，也適

用於此。如果補特伽羅是恆常的，則不起作用；如果補特伽羅是無常的，則同樣沒有因果效力。以下兩頌的論證用以破斥「輪迴再生者是補特伽羅」的主張。

【16.2】

> 如果說輪迴再生者是補特伽羅，
>
> 就蘊、處、界而言，經過五重觀察，
>
> 補特伽羅並不存在；
>
> 既然如此，誰是輪迴再生者？

關於「五蘊」詳見第四章，「六處」詳見第三章，「六界」詳見第五章。根據月稱的注釋，補特伽羅與蘊、處、界的關係有五種可能性：（一）補特伽羅有五蘊等的自性（亦即補特伽羅等同於五蘊）；（二）補特伽羅異於五蘊等；（三）補特伽羅擁有五蘊等而存在；（四）補特伽羅在五蘊等之中；（五）五蘊等存在於補特伽羅之中。他也告訴我們參考火與柴薪的考察，以了解逐一破斥這五種可能性所用的推論。（參見【10.14】）

【16.3】

> 若從一取（appropriation，亦即存有的狀態）到另一取，
>
> 輪迴再生者會消失；
>
> 若消失且無取，
>
> 誰將會輪迴再生至何處？

根據《無畏論》的解釋，此頌論證如下：補特伽羅經歷輪迴再生，若非以執取的五取蘊（諸身心元素）為基礎，即是不以此為基礎。假設【16.3ab】中經歷輪迴再生的補特伽羅以五取蘊為「取」

的基礎，但是補特伽羅在前世、今生依賴的諸蘊不同，而且輪迴再生意味從一期生命到另一期生命，所以，補特伽羅於輪迴再生時會沒有取蘊，而且會因此消失或喪失存有狀態（梵 vibhava，無有），如此則無輪迴再生之補特伽羅。另一個替代主張（【16.3c】）是輪迴再生之補特伽羅並無諸蘊作為「取」的基礎，但是不可能有不以諸蘊為基礎的補特伽羅，我們可以從以下事實明瞭這一點。有些佛教徒（究竟是哪些佛教徒則眾說紛紜）提出「中有」（梵 antarābhava，居中的存有狀態）的想法，藉以填補死亡與再生之間的缺口，此時這個「有」（being）總是帶著被認為附屬於它的諸蘊。如果完全沒有任何身心元素，似乎等於是完全消失，因此，【16.3】最後提出以下問題：「此人是誰？」「此人現正去向何處？」

【16.4】

> 諸行的涅槃，
> 無論如何不可能成立，
> 眾生的涅槃亦復如是，
> 無論如何不可能成立。

　　根據佛護的解釋，上述用於輪迴再生的推論也同樣適用於涅槃的證得。無論證得涅槃的是諸行或補特伽羅，要不是恆常的實體，即是無常的實體，但是恆常的事物無有變化，而無常的事物則不起作用。

【16.5】

> 以生滅為本質的諸行，
> 既不被繫縛，亦不得解脫；
> 眾生亦如前說，

既不受繫縛，亦不得解脫。

繫縛和解脫皆不可能屬於諸行，因為諸行轉瞬即逝的本質代表它們無法住於任何狀態或情況。眾生或補特伽羅也不被繫縛或解脫，因為如【16.2】所說，就補特伽羅與其構成諸要素之間可能成立的五種關係而言，無論如何補特伽羅皆無法存在。

【16.6】

如果繫縛意指執取，

則有執取者不被繫縛。

無執取者亦不被繫縛。

既然如此，在何種狀態下被繫縛？

假設由於執取而產生輪迴繫縛──將五蘊視為「我」和「我所」，那麼是什麼被繫縛──是已執取諸行者，或無此執取者？不可能是以執取為本性的事物，因為這樣的事物已經被繫縛，所以不可能再次被繫縛。然而，也不可能是無執取的事物，因為這樣的事物在本質上是解脫束縛的，例如覺悟者。

【16.7】

如果在被縛者存在之前有繫縛，

則此繫縛肯定會束縛〔被縛者〕。

然而，彼不存在，

其餘〔論證的理解應該依照〕現在去、已去和未去的觀察所言。

繫縛必須要有動作者，亦即由於無明、貪愛等因緣而執取，並且因此產生繫縛而導致輪迴者。問題是在繫縛之前並無這樣的動作

者，因此，無明、貪愛等因緣缺乏所依。

　　因此，繫縛不可能發生在被縛者出現之前；繫縛顯然也不可能
發生在被縛者之後，因為那是多此一舉。此外，第三種可能性是，
繫縛發生於既無被縛者亦無未被縛者的第三個時間點，但是這個可
能也被排除，論據一如第二章用於分析「去」、「來」運動的三時論證。
佛護將第二章的邏輯應用於輪迴繫縛如下：「已縛不被縛，未縛不
被縛，異於已縛、未縛的現前正縛，亦不被縛」（P，冊 2，頁 11）。

【16.8】

　　得解脫的不是已被縛者，

　　但也確實不是未被縛者。

　　如果已被縛者現前正在解脫，

　　則繫縛與解脫將會同時發生。

　　誰或何者得解脫？不可能是被縛者，因為如果被縛者的本質是
被繫縛，那麼除非停止存在，否則不可能得解脫。也不可能是未被
縛者，因為如此一來，解脫便毫無意義。接著，我們可能會認為必
有第三種可能──被縛者經歷解脫的過程，佛護即承認人們的說法
正是如此。然而，這個事實應該是表明此說只可能是世俗諦，不是
勝義諦。既然繫縛與解脫是相對的狀態，那麼，被縛者不可能經歷
解脫的過程，除非它有一部分依然在縛，而另一部分現前得解脫。
所以，經歷解脫過程的主體是具有構成成分或零件的事物，也因此
只是概念上的虛構，而非勝義實有。凡是勝義實有者皆無構成的成
分或零件，因此若非被繫縛，即是解脫。

【16.9】

　　「我既無取，可入涅槃，

涅槃即將為我所有。」

如此執著事物者,

對於「取」有很大的執著。

如果解脫輪迴是由於「取」的止息,亦即因為不再有「我」和「我所」的念頭,那麼,對於個人解脫的渴望即是證得解脫的障礙。這是佛教制訂的「解脫詭論」(paradox of liberation),幾乎所有關注解脫苦與輪迴的印度哲學學派皆認可這個似非而是的說法。在此,這個詭論的陳述是根據以下的觀念:當一個人有「我將得解脫」的念頭時,此人正是在認同且執取構成其身心的諸元素,而這正是造成輪迴繫縛的原因。

【16.10】

不以涅槃為實體,

亦不摒棄輪迴,

此中何者被假想為輪迴,

何者被假想為涅槃?

這一章的論證顯示,不可能有「破除無明」以及「證得涅槃」這種事。更確切地說,這樣的過程不可能是勝義諦。既然無此過程,就難以明白怎麼可能有輪迴和涅槃這兩種狀態的存在。因此,這一章隱含的結論如下:我們不再汲汲於這兩個狀態的概念思維,也停止採取厭離輪迴、欣求涅槃的態度。不過,這個結論的含意模稜兩可,一方面可能解讀為輪迴與涅槃是勝義實有,但其自性不可執取;另一方面,也可能意指勝義實有法這個想法本身在理路上不連貫。關於這個問題,龍樹將在【25.19–20】做更詳盡的闡述。

觀察「業行」與「果報」

　　這一章探討「業行」（梵 karman）及其後果或果報（梵 phala）之間的關係，亦即現今通稱為「業力法則」（the laws of karma）所具體說明的關係。請注意此章「karman」一詞的用法有別於第八章的「karman」，後者用以指稱文法學家所謂的「動作對象」或「目標」，而此處則指「業行」本身。前五頌鋪陳若干學派對於業行與果報關係的共識，第六頌質疑此業果關係和佛陀的無常教理如何能並行不悖，後續十三首偈頌是不同學派提出的解決之道，從第二十一頌開始是龍樹對這些解決辦法的考察批判。

【17.1-5】陳述正統詮釋的業行及其分類。

【17.6】正統理論的難題：是什麼從造業之際到業報現前之時持續存在，以確保業行得到適當的賞罰？

【17.7-11】解決方案（一）：種子說。

【17.12】反駁種子說。

【17.13-20】解決方案（二）：業力不壞說。

【17.21】龍樹的主張：業無自性。

【17.1】

> 克己、利他與慈愛，
> 如此之心皆是善法，
> 今生與來世的果報，
> 即是以此心為種子。

　　業力法則涉及一個行動（業行）與其動作者承受的後果（果報）之間的關係。不過，所謂「業行」，不僅意指呼吸、眨眼這種通常不假思索的肢體動作，更是指決定作者將來獲得何種果報的行動背後的存心。此頌細述導致轉生為人等善果的心理狀態，不僅在今生如此，來世亦復如是。言外之意是與此相反的心態會讓作者遭受不善的後果。

【17.2】

> 大聖曾宣說
> 業行是「思」（梵cetanā）以及「思已業」；
> 他曾宣說

有種種不同的業行。

根據清辨的解釋，「大聖」（Supreme Sage）所指的不只是佛陀，還包括諸聲聞聖者（梵 śrāvaka，由於親聞佛陀教法而證悟的人）、辟支佛（梵 pratyekabuddha）和菩薩。月稱則認為「大聖」單指佛陀。為了鋪陳下一頌，他將「思已業」解釋為隨意志而起的肢體行動（身業）或言語行動（語業）。

【17.3】
> 其中，所說的「思」，
> 即是所謂的「意業」；
> 而所謂的「思已業」，
> 即是身業和語業。

此頌描述【17.2】提及的兩種業。「思」（意志）在本質上純粹是心理活動，慈愛（希望他人得安樂的友善性格）即是一種思業。第二種是「思已業」，包含「業」一詞通常意謂的「行動」──肢體行動和言語。但是清辨明確指出，唯獨有意的（即由意志所造成的）肢體行動和言語，才算是「業」。

【17.4】
> 言語和動作，
> 所謂的「不律儀無表業」，
> 以及其他無表業，
> 傳承稱之為「律儀」，

【17.5】

> 隨受用而生之福業，
> 隨受用而生之非福業，
> 以及思業，共是七法，
> 傳承稱之為業的類別。

　　為了解釋身、語、意三業何以能夠引生很久以後的業果（例如隔世之果），有些阿毘達磨師發展出一套七種業法（action dharma）的理論，此理論涉及從意業導致果報的因果鍊（causal chain）。由於阿毘達磨造論的動機多半是想協助個人在覺悟之道上不斷進步，所以這些狀態的分類是根據它們是否產生有助於解脫的果報（有助解脫是「福」〔meritorious〕，無助於解脫則謂「非福」〔demeritorious〕）。【17.2】確認言語和動作是兩種所謂「思已業」，兩者都涉及他人顯而易見的活動，而這種公開顯露的活動來自於意志或意圖（思業）。

　　除了身、語、意之外，此處提到四種不顯露於外的業法（無表業）。前兩種涉及的情況是，由於某種外在情況（例如欠缺時機），通常引發身、語業的意業沒有造成任何外顯的言語或行動。這些無表的業法旨在解釋在沒有明顯關連的情況下，早先出現的意業何以能夠導致很久以後的行動。所謂「不律儀無表業」內含本質為惡的意圖，「律儀無表業」則包含善意。（所謂「律儀」，意指防非止惡的自制，那是發願出家為僧的核心。）關於第一種無表業，月稱舉例說明：譬如有人決定以殺生來維持生計（例如捕魚），但是一條魚都還沒捕獲，因此尚未實際造殺生的身業。這一連串不律儀無表業法，正可解釋起初的意圖何以能夠導致後來的行動，而且即使在過度期間，都沒有人看得出其間的關連。律儀無表業法則用以解釋相反的情況──有心為善，卻欠缺實踐善意的機緣。

　　第五、六種法也是無表業法，涉及所謂「受用」（梵 paribhoga；

英 utilization），這個詞特指使用捐贈給僧眾等值得尊敬之團體的物品。這種供養品曾被認為可以產生一種特別的福業（karmic merit），所以或許發現有一類法是用於解釋這些供養的功效也不足為奇。「隨受用而生之福業」的觀念在尼柯耶（梵 Nikāya，即南傳經典）中有佐證，根據經典記載，佛陀曾說當比丘受用一供養僧眾的物品時，會讓布施者福業增長。（參見 A II.54）[1] 所謂「隨受用而生之福業」的業法旨在解釋在諸業法的層次上導致這種果報的機制。相對的一種業法是「隨受用而生之非福業」，與之相關的情況是心懷惡意而布施，月稱舉的例子是出資興建有殺生之事（或許用於獻祭的供品）的廟宇。這種業法背後的觀念，似乎是懷有那種意圖而行此布施所引生的惡業，會隨著每次他人執行這樣的殺業而加劇。

以上說明符合毘婆沙宗關於「業」的分類：

I. 思

II. 思已業

  1. 表業

      a. 語業

      b. 身業（動作）

  2. 無表業

      a. 產生語業的

         i. 律儀

         ii. 不律儀

         iii. 非律儀非不律儀

      b. 產生身業的

         i. 律儀

         ii. 不律儀

         iii. 非律儀非不律儀

II.1a 和 II.1b 這兩類皆細分為福業與非福業。II.2a.i 和 II.2b.i 源於由善行特有的克制所支配的意業，因此永遠都是福業。II.2a.ii 和 II.2b.ii 永遠都是非福的，因為它們源於與前者相反的意業。II.2a.iii 和 II.2b.iii 相當於涉及布施物使用的情況，可能是福業，也可能是非福業。毘婆沙宗的分類還包括涉及禪定狀態的無表業法，但此頌並未提及。

【17.6】

> 如果業持續存在直到成熟之時，
>
> 則業是恆常的；
>
> 如果業已壞滅，
>
> 那麼，既已壞滅，又會產生什麼果報呢？

　　對於採納【17.1-5】略述的業報說的人，【17.6】提出一個難題。根據業說的通則──一個行動引起一個果報，但是果報的出現向來是在行動發生一段時間之後（時常是在來世）。如此說來，就有一個問題：某個時間發生的一個行動怎能導致後來出現的果報？有一個可能是行動從發生的時間開始，一直持續到業熟之時，亦即果報出現之際。可是如果「業」或行動持續存在，則此行動是恆常的，因為如果一個事物一時不壞滅，就沒有理由在其他任何時刻壞滅。所以，如果它持續存在一段時間，則會永遠持續存在。此外，恆常的事物無法產生任何事物。另一個可能的說法是行動一出現即壞滅，但是在此情況下，這個行動似乎不可能產生後來出現的果報。

　　不同的阿毘達磨部派針對此問題提出各種不同的解決方案，其中之一由毘婆沙師提出。毘婆沙師相信每一法在過去、現在、未來三時皆存在，（參見【13.4】）既然如此，當果報形成時，就某種意義而言，業行依然存在。但是這個解決方案並未在此討論，龍樹

178

反而先描述日後與經量部有關的種子說，接著呈現補特伽羅論者的觀點。

【17.7】

    例如芽的相續（saṃtāna）

    即是由種子而生，

    果實來自彼相續，

    若無種子，則彼相續不出現。

【17.8】

    既然彼相續來自種子，

    果實又來自彼相續，

    則果實以種子為前身，

    因此彼〔種子〕既非壞滅，亦非恆常。

【17.9】

    同樣地，心相續來自心所（mental element），

    果報來自彼相續，

    若無彼心所，

    則彼相續不出現。

【17.10】

    既然彼相續來自彼心所，

    果報又來自彼相續，

    則果報以業為前身，

    因此彼業既非壞滅，亦非恆常。

    【17.7-10】表達的看法如下：芒果種子可以生出芒果，即使種子消失很久之後果實才出現；同樣地，一個行動或業可以導致業果在該行動發生之後很長一段時間才出現。在種子的例子

中，有一連串因果相續的中介實體：芽、樹苗、小樹，以及繁花盛開的樹。在適當的因緣條件下，此相續的最後一個實體導致芒果果實的出現。但是既然此相續由種子啟動，我們可以說果實以種子為最初起因。同樣地，一個行動可以導致一種稱為「業習氣」（karmic trace）的心理現象。既然每個現存事物都是轉瞬即逝，此業習氣的存在只是一剎那，但它會導致後續同類的業習氣，而此繼之而起的習氣接著同樣會導致另一個習氣。此因果相續將不斷延續，直到業習氣成熟的因緣條件具足之時，此時業果會出現。此業果的近因是緊接在前的業習氣，但是此習氣的存在歸因於其前身，如此循此相續不斷回溯起因，直到最初的業行。因此，業行或許可稱為業果的最初因。

　　佛陀自稱其知見為離常、斷兩邊的中道。此說一向被認為有以下的含意：佛教對於補特伽羅的解說，調和了補特伽羅歷經一生或多生的持續存在，以及補特伽羅沒有任何恆常成分的存在，這兩者之間的矛盾。【17.6】提出的兩難情況，其實是問此調和何以能發生？如果構成補特伽羅的任何一部分都無法常住或持續存在，那麼，發生於某世的某個業行何以能產生另一世的果報？此外，如果此世的業行在下一世果報出現之前即已壞滅，那麼，受報者就不應受此報，因為此受報者不是當初的造業者。日後與經量部有關的解決方案，即是假設一因果相續，以作為業行和業果之間的媒介。既然為求方便而稱之為「補特伽羅」的不過是如此的相續，所以，某一世造業之人在另一世受報，即是世俗諦。與此同時，在勝義上沒有任何事物持續存在；我們所謂的「補特伽羅」，只不過是一連串剎那生滅的實體和事件。此相續持續存在，並未壞滅，但是其中的構成成分卻是剎那生滅的，每個成分產生之後，旋即消失。（關於此一策略的其他例子，參見 Mil 40-50，另見 Vism 553-55。[2]）

【17.11】

> 建立善法的途徑
>
> 即是十淨業道；
>
> 今生與來世的五欲之樂，
>
> 即是善法的果報。

【17.12】

> 〔反駁：〕
>
> 你的這個假說，
>
> 會有很多嚴重的謬誤，
>
> 所以，這個〔種子生起的相續的〕假說
>
> 在此處並不成立。

【17.12】的反駁據說並非由龍樹提出，而是來自另一派論敵。根據佛護、清辨和月稱的注釋，剛才陳述的見解產生的難題如下：從種子到果實相續的例子，跟業行與果報的關連不盡相同，因為芒果種子只能產生芒果樹，絕不會生出橡樹，但是某一行動可能導致一個眾生轉生為人的結果，卻讓另一眾生轉生天界，或是可能讓一眾生受樂報，卻讓另一眾生受苦報等等。

【17.13】

> 而我將在此提出以下假說
>
> 我的假說切合義理，
>
> 而且為諸佛、辟支佛
>
> 以及聲聞聖者所闡述說明。

【17.14】

> 不壞失法如畫押筆，
>
> 業則如同債務，

依諸界而言有四種，
而其本性是無記。

　　「不壞失法」據稱源於未立即產生業果的業行。此處所用的譬喻是畫押筆，當然也包括此人所簽的債券。雖然簽下借據而招致債務的行為發生在過去，但是只要債務尚未清償，債券依然存在，作為償還債務的直接原因。以此類推，一行動發生之後會出現一「不壞失法」，此法持續存在，直到果報生起之時，因此，我們或許可以將它視為一種「業債」（karmic debt）。《無畏論》告訴我們，不壞失法有四種，和它可能起作用的宇宙空間有關，亦即欲界（世俗世間）、色界、無色界或無漏界（此三界是禪定達到的超脫世俗的領域）。不壞失法本身無助長苦樂之力，就此而言，它的本性是無記（梵 avyākṛta；indeterminate；不確定）的。如月稱的解釋所示，如果促成苦的行動引起的業債本身的確有助於苦的生起，它就不可能存在於已超越欲界者之中。再者，如果促成樂的行動引起的業債本身的確有助於樂的生起，那麼，它不可能出現在一切善根皆已斷絕者的身上。因此，不壞失法的不確定性反映業力法則運作的複雜——此論敵在【17.12】即以此複雜性反駁種子說。

【17.15】
　　它不因為捨斷而斷除，
　　唯有藉由修道或其他方式得以避免。
　　因此，由於不壞失法，
　　業果得以生起。

　　不壞失法——一個人的業債，並非單憑理解四聖諦（見道）而捨斷的，換句話說，只有憑藉理解一切執取之行如何導致苦果，並

不能捨斷業債。這種理解讓一個人拋棄產生新業債的生存之道，例如在家居士的生活，但是見道本身不會斷除此生證得見道之前諸業行產生的不壞失法。要避免此業債，唯有憑藉修道或「其他方式」。此處所謂「其他方式」，根據各家注釋的解說，意指轉生他界（另一個不同的生存世界），這是趨向解脫的高階修行者達到的境界。除此兩者之外，這種不壞失法將會產生相應的果報。

【17.16】

> 如果它是因為捨斷而斷除
> 或是由於業的轉移而斷除，
> 將會導致種種難題，
> 包括〔宿〕業的消失。

　　【17.16】辯駁的是關於業債何以迴避的兩種假說。第一種假說是捨斷，或各家注釋所謂的「見道」，可消滅業行產生的不壞失法，但【17.15】已駁斥此說。第二種假說是一個人死亡時留下一切業債，而移轉至新生命。（此處意指「一般的」死亡與轉生，而非【17.15】提及的轉生更高的界。）單憑捨離世俗的生存方式，或轉移至新一期的生命，即可讓人解脫業債，這種想法即意味過去所造之業可能無果報，或是某一世出現的果報可能不是由於此人的宿業。對這些論敵而言，這種想法嚴重危及道德秩序。

【17.17】

> 就同一界的一切業而言，
> 無論它們是相似或不相似，
> 於轉生之際，
> 僅會出現一〔不壞失法〕。

【17.18】

> 在現世間，有兩種類別的業，
>
> 一切個別的業行都會生起各自的不壞失法，
>
> 而且即使果報成熟，
>
> 它仍持續存在。

　　在轉生過程中，有一種「業債整併清理者」(karmic debt consolidator)，用以處理所有宿業，無論福業、非福業或無記業。因此，儘管一個人此生造了種種業行，但果報尚未生起，所以，於臨死之際依然存在，這些業行就會接著被一不壞失法勾銷，此法整併這些業各自的效力，決定下一期新生命的類別。所以，許多業造成的不壞失法也許可以說不復存在，如同一個人申請債務整併貸款時得以清償許多舊債。然而，正如【17.16】提出此理論者的告誡，這不應該被視為一個人業行的斷除。

　　各家注釋並不確定【17.18】所提及的兩種業，究竟是思業和思已業（參見【17.2】），或是助長樂果之業與不助長樂果之業，還是（趨向解脫的）清淨業與（不趨向解脫的）不淨業？

【17.19】

> 它的壞滅或藉由度越果位，
>
> 或藉由死亡。
>
> 就後者而言，
>
> 它顯現為無漏與有漏的差別。

　　儘管業報無法迴避，但不壞失法卻可被摧毀，【17.19】提及滅除不壞失法的兩種方式。「度越果位」意指藉由【17.15】所說的修道而解脫輪迴，「藉由死亡而壞滅」則意指一期生命中累積的許多

個別業債在轉生之際被「業債整併清理者」清除。根據前一世諸業的整體趨向，新一期生命將會是無漏的或有漏的，因為此一不壞失法決定一個人出生之處所有重要的相關實際情況，包括所生之家的社會地位、色身和感官機能的特質，以及時間和地點等等。

【17.20】

> 有空性而無斷滅，
> 有輪迴而無恆常。
> 有業的不壞失法
> 即是佛所說。

此論敵宣稱他的說法是正統佛教的知見。首先，他聲稱如不壞失法這種實體的存在是佛陀所說。（他心中憶持的佛語無疑是【17.21】注釋引用的偈頌。）再者，既然他同意此法會壞滅（如【17.19】所述），那麼它就不是以自性存在，所以，可以說是「空」的或無自性的。然而，儘管它會壞滅，也因此是「空」的，卻避開斷滅論的錯誤見解，因為人的業債要一直持續到清償為止。這又說明了何以能有轉生卻沒有「常我」這種恆常實體的存在。所以，不壞失法的教理在一些核心佛法的調和方面發揮一定程度的作用。

此時，我們可以想像龍樹加入討論。對於業行與果報之間的關係，阿毘達磨論敵已經提出他們不同的解釋，這些說法預設業行與果報的實有，以及兩者之間某種實有的關連。龍樹予以反駁，認為沒有任何業行存在。於是論敵質問何以如此？龍樹回應如下。

【17.21】

> 為何業行不生起？
> 因為它無有自性。

既然它不生起，
所以也不會壞失。

在勝義上沒有任何業行存在，因為一切諸業皆空或無自性。以下的偈頌將詳細闡述此說的論據，不過，論敵有一更為迫切的關注要點，在清辨和月稱皆引用的一首偈頌中（P，冊2，頁37-38），佛說：

假令經百劫，所作業不亡；
因緣會遇時，果報還自受。

如果業行不壞失，則必為實有，也因此具有自性，所以龍樹在【17.21b】的主張不可能是正確的。對此，龍樹接著回應：說業行不壞失，是因為在勝義上並無任何業行生起；原本從未出現之物不可能說它壞失。佛陀這段關於業行的開示必須被視為僅是一種比喻的說法，而非描述與業行、果報相關的勝義諦。

【17.22】
如果業行果真具有自性，
則無疑是恆常的，
而且並非造作而成，
因為恆常者不是造作之物。

根據月稱的解釋，如果業行有自性，則是恆常的，因為任何具有自性者不可能經歷自性的變異。接著，自然可推斷業行永遠不會被造作，這是因為若要執行一項行動，此行動必定從不被造作的狀態轉變成被造作的狀態。但是恆常者是不會變異的，因此無法有此轉變。

【17.23】

> 如果業行非〔由動作者〕造作而成，
> 則令人擔憂，
> 會有不由〔動作者〕造作之事的果報，
> 且隨之而有不自制的過失。

將業行稱為「非造作」，在此文脈中意指不為當前承受果報之人所作。由此可導致所謂「不自制狀態」（the state of incontinence）的荒謬結果。各家注釋對於此過失的解說略有差異，月稱認為這代表一生克己自制無過失行為之人，仍然可能獲得不自制的果報。但是根據其他注釋者的說法，此荒謬結果意指一生放蕩不自制之人，卻可能獲得自制的果報，而且因此趨向涅槃。

【17.24】

> 毫無疑問，此即牴觸
> 一切世間的行為，
> 而且對於修福者與為惡者的區分，
> 也會是不正確的。

如果業果可能來自不作之業，那麼諸如農耕、紡織等世間事務的基礎會逐漸瓦解，因為一個人無論播種與否，收割穀物的可能性一樣高。同樣地，明確規範適當行為舉止的業力法則的基礎也會逐漸瓦解，因為推舉某些業行為福業，而其他業行為非福業之時，背後的假設是造作福業導致樂果，而造作非福業帶來苦果。倘若果報可能源於不作之業，則此假設的基礎即遭破壞。《無畏論》另外補充一點：這也適用於（有助於涅槃的）善業與（無助於涅槃的）不善業之間的區別。

【17.25】

> 再者，果報已成熟的業行，
> 將會不斷地再次產生果報。
> 因為如果從業行的確定性，
> 便能推斷業行具有自性。

　　業行——果報的連結取決於業行的確定性：此類業行導致此類果報，彼類業行導致彼類果報等等。論敵認為業行的確定性在於它具有自性，而龍樹此處的論點是若依照論敵的說法，業行必定永遠具有其自性，由此可推斷即使業行已產生果報，仍然會繼續保有導致產生該果報的自性，因此已經產生果報的業行將會繼續產生更多同樣的果報。

　　我們的譯文反映三位注釋者對【17.25cd】的解讀，而月稱的理解稍有不同：「……如果從業行具有自性，而推斷業是確定的。」不過，此論證背後的邏輯並未因此受到重大影響，因為對論敵而言，「是確定的」幾乎等同於「具有自性」。

【17.26】

> 你相信業行在本性上是煩惱所成，
> 而煩惱並非勝義實有。
> 如果對你而言煩惱非實有，
> 業行又如何會是勝義實有？

　　煩惱指貪、瞋、痴，據稱一切不善業皆因其中某一種煩惱引起，致使造作者不能脫離生死輪迴。但是如同龍樹即將在第二十三章提出的論辯，不可能說煩惱本身是勝義實有。支持此論點的理由之一，即是所有煩惱本身皆基於「有造作業行的動作者」的這個錯誤見解。

既然「有我」並非勝義諦（參見【18.6】），「有煩惱」也不可能是勝義諦。此處的論證是，鑒於關於煩惱的這個論證結果，認為業行是勝義實有的想法並不合理。

【17.27】

> 業行與煩惱，
>
> 被描述為業報身生起的因緣條件。
>
> 業與煩惱如果是「空」的，
>
> 那麼，關於業報身又應該如何解說？

根據十二支緣起，新一期生命業報身的出現取決於前世諸業行與其根本煩惱。到目前為止的論證，皆說明煩惱與業行缺乏自性，也因此是「空」的。【17.27】則推廣此論證結果，擴及據稱是業與煩惱所產生的業報身。

此時，論敵設法為自己的論點辯護，引用佛陀的教說，當佛陀提到「無明所覆、愛結所縛」者時，他似乎接受有眾生既是業行的造作者也是業報的承受者。

【17.28】

> 〔反駁：〕
>
> 為無明所覆，
>
> 亦為渴愛所縛之人，
>
> 即是受者。，
>
> 但此受者與作者既非相異，亦非等同。

佛陀說眾生為「無明所覆、渴愛所縛」。（《無畏論》和月稱皆引用這段經文，《無畏論》指出這段經證的出處是《無始

經》（*Anavarāgra Sūtra*），今見於 S II.178[3]。）從上下文可知，此諸眾生必然是造業的作者，亦是業報的受者，因為在十二支緣起的定式中，說無明起於某一世，而貪愛是彼無明在後世產生的結果。不過，佛陀也曾說（例如在 S II.76[4] 中），造業者與承受果報者既非同一人，亦非相異者。由於佛說作者與受者皆存在，所以，論敵推斷業行必定也同樣存在。

【17.29】

〔回應：〕
既然依賴因緣的業行，
以及不依賴因緣而生起的業行，
兩種業行皆不存在，
因此，作者也不存在。

如果諸業行是「空」的（【17.27】），則諸業行無論是否依賴因緣而生，都不可能是勝義諦。但是在缺乏勝義實有之業行的情況下，不可能有造作此諸業行的作者。

對此或許可以補充一點：當論敵試圖引經證以支持自己的論點時，遺漏了一大要點。當佛陀說作者與受者不一且不異時，並不是說有一實在的作者和一實在的受者具有某種不確定關係，而是嚴格地說來，根本就沒有「作者」這種事物（也沒有「受者」）。這是佛陀的「中道」解決方案，已於【17.10】注釋中探討。

【17.30】

如果既無業行亦無作者，
何以會有業行所產生的果報？
再者，若果報不存在，

何以會有承受果報者？

唯有依賴業行而生起者，才是業果。因此，如果就勝義而言，並無業行，同樣也不可能會有勝義實有的果報。此外，唯有可承受的果報，才有果報的承受者。

【17.31】

> 正如導師以神通力
> 變幻出一幻化的眾生；
> 此幻化的眾生，
> 接著變幻出另一幻化的眾生。

【17.32】

> 作者亦復如是，
> 具有幻化眾生的形體，能造作業行，
> 猶如第一個幻化眾生，
> 變幻出第二個幻化眾生的情況。

【17.33】

> 煩惱、業行與業報身，
> 以及作者與果報，
> 皆如乾闥婆城，
> 亦如海市蜃樓與夢境。

關於乾闥婆城，參見【7.34】。【17.31-33】的主導意象是具有種種神通力的佛運用神通於佛法的開示，其中一種神通是讓法會大眾見到一位魔術師，這位魔術師接著變幻出種種幻相，因此，這些幻相的造作者本身即是一個幻境。將這個譬喻運用於此章主題，則導出以下結果：業行的作者與果報的受者只是表相，僅在表面上看

來似乎前者造作顯而易見的行動，而後者承受顯而易見的果報，這些表相都有助於達到佛陀教法的目標──涅槃。

[1]《增支部‧四集‧福生品》第五十一（A II.54）：「諸比丘！若有人，彼之衣服，予比丘受用，……若有人，彼之飲食，予比丘受用，……若有人，彼之床座，予比丘受用，……若有人，彼之病緣藥、資具，予比丘受用，……具足無量心解脫時，於彼生無量福、生善、引樂、給與勝妙物，有樂異熟，能生天界、能得可愛、可欣、可喜、利益與安樂。」（《漢譯南傳大藏經》，增支部經典二，頁 95-96）

[2] 參見《彌蘭王問經》第二品（同上，彌蘭王問經一，頁 64-82）；《清淨道論》第十七說慧地品（葉均譯，正覺學會印行，頁 572-576）。

[3]《相應部‧無始相應》第一薪草品（S II.178）：「比丘等！譬如有人，於此閻浮提伐草、薪、小枝，集於同一場所。堆積成四指量之方形謂：『此是我母、此是我母之母。』計數而置。諸比丘！彼人數算其母之母而不能終盡，則此閻浮提之草、薪、枝、小枝，已至終盡。所以者何？諸比丘！此輪迴無始，眾生為無明所覆、渴愛所縛，不知流轉輪迴之本際。」（同上，相應部經典二，頁 222）

[4]《相應部‧因緣相應》第四十六經（S II.76）：「坐於一面之彼婆羅門，如是白世尊曰：『瞿曇！如何是彼作而彼經驗耶？』『婆羅門！彼作而彼經驗者，此乃一極端。』『瞿曇！又如何他作而他經驗耶？』『婆羅門！他作而他經驗者，此乃第二之極端。婆羅門！離此等之兩極端，如來依於中而說法。緣無明而有行，緣行而有識，……如是，乃此全苦蘊之集。依無明之無餘，離貪、滅而有行之滅，依行之滅……。如是，此乃全苦蘊之滅。」（同上，頁 91-92）

18

觀察「我」

　　雖然我們根據月稱的注釋,將此章稱為〈觀察我〉(自我的分析),但是各家注釋介紹此章時,皆指出其主題是真實自性。這兩個主題的關連如下:所有佛教徒都贊同事實上無一物是「我」(I)、「我所」(mine)意識的基礎;而且贊同造成苦的原因,正是相信「我」、「我所」意識背後有某物存在的錯誤見解。因此,佛教徒應該也一致同意「真實」的特徵是「無我」。問題是虛妄地顯現為「有我」的這個「真實」是什麼呢?對阿毘達磨部派而言,此真實只是無常、無我的諸法,他們認為必定有如是的真實,讓「我」、「我所」的妄見依附於其上。中觀派同意「我」、「我所」是妄見,但是反對在此妄見之下必有諸法(亦即具有自性的事物)的主張。(佛護與清辨將此章定為〈觀察我與諸法〉,反映出此章的雙重焦點。)本章論證的鋪陳始於檢視雙方的共同點──破斥「有我」,接著探討這個立場結果導致我們如何看待真實。

　　此章一開始的論述看似正統的無我論,以及親證無我在滅苦中發揮的作用。但是【18.5】語調一轉,卻說解脫的先決條件是體證諸法的空性。龍樹在此章其餘諸頌試圖證明中觀派此一重要主張和

核心佛法完全吻合，這就需要盡力掃除中觀論者所認定的對於這些
佛法的誤解，例如無我論是用來展現勝義真實自性的一種描述，或
是勝義真實自性的領悟應該透過一種非概念性的直觀。龍樹在三對
偈頌中，先以肯定敘述，再以全然否定的陳述，提出一核心佛法，
前者展現其他佛教徒如何理解此教義，後者則是中觀派的解讀。這
兩種敘述皆意謂對於當前討論的教義，其他詮釋固然在解脫道上都
有其重要性，但是中觀派的立場則是極致。本章的論證或許可以概
述如下：

【18.1-3】成立「無我」。

【18.1】破斥「我」。

【18.2】破斥我所有物。

【18.3】破斥補特伽羅。

【18.4】「無我」在解脫論方面導致的結果——解脫。

【18.5】解脫需要體證空性。

【18.6-11】中觀派表明佛法的核心要素。

      【18.6-7】佛陀關於無我的次第教誡（梵 anuśāsana），以
             透過體證空性而止息戲論（概念的實體化）為
             最終階段。

      【18.8-9】佛陀關於真實自性的次第教誡，以體證真實缺
             乏勝義自性為最終階段。

      【18.10】空性如何成立佛陀離常、斷二邊的中道。

      【18.11】佛法本身以空性為特徵。

【18.12】辟支佛在匡正佛法理解上的重要性。

【18.1】

> 如果「我」即是五蘊，
> 則「我」有生滅；
> 如果「我」異於五蘊，
> 則無有五蘊之相。

關於五蘊的分類，參見第四章。根據月稱的注釋，「我」（梵ātman；self）意指自我意識的對象。他又表示，雖然在其他地方考察我與五蘊的關係時，運用探討火與柴薪關係所用的五重模式（參見【10.14】、【16.2】），但此處的分析僅考慮同一與相異這兩種可能性。「我等同於五蘊」的說法，即是說「我」只不過是這些身心元素而已，如同一堆磚塊僅僅是一些個別的磚塊。反駁「我等同於五蘊」的論證，簡而言之，就是因為五蘊在一期生命過程中生生滅滅（在轉生的過程中也是如此），如果「我」即是五蘊，則隨著時間的推移，人會有許多自我。這顯然和我們的自我意識相牴觸，因為我們每個人都認為自己是單一實體，在時間的長河中持續存在。反駁「我異於五蘊」的論證則是，如此一來，「我」應該被執取為具有自性者，而此自性異於五蘊的自性。但是，在我們身為人的經驗中，從未有如此之物被執取。

【18.2】

> 既然「我」不存在，
> 怎麼會有「屬於我所有之物」？
> 因為「我」、「我所」的止息，
> 所以，無我所執，亦無我執。

我們一般對於補特伽羅的看法涉及「我」的觀念，以及「我所」

的觀念。「我」被認為是主體或擁有者，而「我所」是這個「我」挪用或據為己有之物。根據各家注釋，此頌的「我所」或「屬於我所有之物」特指五取蘊，亦即作為身分認同基礎的種種身心要素。此頌論證如下：如果沒有「我」，同樣也不可能有五取蘊，因為根據定義，諸取蘊即是補特伽羅執取的元素。此外，根據《無畏論》，無我、無我所是真實的「相」。不過請注意，這未必表示沒有五蘊的存在。此論證似乎只是表達如果五蘊存在，它們就沒有被「我」執取的特性。

【18.3】

> 無我所執亦無我執者，
>
> 此人不可得。
>
> 如果見無我所執、無我執者，
>
> 此人一無所見。

此頌回應以下的反駁：如果真實是無我、無我所的，那麼，了知真實的人本身也是無我、無我所的；但是欲使此論點為真，毫無「我」和「我所」意識的眾生必定存在；欲使此等眾生存在，必有「我」與此「我」執取的諸蘊存在。事實上，這項反駁表達的觀點是，佛教的無我論述無法前後連貫，因為若此論點為真，則是謬誤。

對此反駁的回應如下：人唯有在知見被障覆的情況下，才會看見一個無自我亦無五取蘊的人，因為「補特伽羅」的命名和概念化要依賴被視為己有的諸蘊。所以，若無對自我與諸蘊的執取，怎麼可能有任何「補特伽羅」的概念？

【18.4】

> 立基於內、外的我執與我所執

在滅盡時，
則「取」亦滅；
由於彼滅的緣故，則「生」亦滅。

這是所有佛教徒所共同接受的關於涅槃的標準陳述：人藉由捨離一切「我」、「我所」的意識，而證得解脫輪迴，此解脫導致不再執取五蘊，也因此導致促成轉生的過程終止。根據注釋，「外」意指凡被視為異於「我」者，因此是可能被執取的對象，「內」則指凡被視為「補特伽羅」的核心或本質者。

【18.5】

解脫的證得是透過滅除諸業與煩惱；
業與煩惱的生起是因為歪曲真實的種種概念分別，
那些概念分別則是源於戲論，
但是於空性中，戲論止息。

關於諸煩惱，參見【14.2】。【18.5】所謂「歪曲真實的種種概念分別」（梵 vikalpa），意指一切涉及「我」、「我所」概念的念頭。若無這些概念，業行不可能由煩惱而生，例如，基於瞋恚而起的行動需要「我」與「非我」（not-I）的概念。這種概念分別繼而需要戲論的存在，而所謂「戲論」，是將事實上只是有用的言說具體化的傾向（參見【11.6】）。然而，透過最終體證諸法的空性，這種傾向逐漸變弱。

根據各家注釋，「空性」意指諸法皆空無自性，而不是僅指阿毘達磨師認可為補特伽羅的本質的空性。這是中觀論者對「空性」的獨特用法，阿毘達磨師卻不以為然，因為他們認為正因為諸法具有自性，所以是勝義實有。阿毘達磨師同意解脫的先決條件是了知

空性，但是此空性僅指「人空」（補特伽羅的空性）；中觀論者則主張解脫需要了知「法空」（一切法的空性，參見【13.2】）。如月稱的注釋所言：「這些歪曲事實的概念生起，是由於各種概念的實體化或戲論，而這些戲論源於無始以來生死流轉中反覆使用的二分法，例如認知與認知的內容、措詞與語詞表達的內容、動作者與行動、工具與行為、瓶與布、王冠與馬車、形色與感受、男與女、得與失、樂與苦、聲望與惡名等等。」（LVP，頁350）換句話說，當我們認為這些二分法皆反映真實的自性，而無法看清它們僅僅是有用的工具時，它們就導致苦的產生。

【18.6】

> 諸佛宣說「我」，
> 亦教導「無我」，
> 但諸佛也教導
> 「我與無我皆非真實」。

　　佛陀有時解釋教理的方式可能被視為表達「有我」的見解，佛教徒通常承認這一點，但這被視為佛陀教化善巧（梵 upāya）的一個例子。因為佛陀如此教導時，面對的是不信業力法則與輪迴轉生的聽眾，也因此他們以為自己的善、惡業會隨著死亡而消滅。由於這種信念導致他們恣意妄為，讓他們更是緊緊纏縛於生死輪迴之中，所以，佛陀斷定最好先讓這些人接受輪迴轉生的存在。因為從轉世再生的「我」這個觀念來說，最容易讓人理解輪迴轉生，所以造成有些經典似乎傳達「有我」的見解。但是佛陀當初採用這個教化策略，是為了幫助這些人對於「真實」能建立起比較不愚痴的見解，以便他們最終能夠了解「無我」的教義。

　　這種對佛法的正統詮釋，似乎暗示「無我」是所有佛教徒共同

接受的見解。然而，隨後頌文的寓意卻不是如此，其言外之意是當佛陀教授「無我」時，也同樣運用善巧教化，所以這也不應該被視為說明「真實」的勝義諦。月稱解釋，認為佛說「無我」是勝義諦，即忽略了佛陀始終堅持他的法是「中道」的事實。根據月稱的說法，「我」和「無我」是互相抗衡的論點，彼此都需要對方賦予本身意義，所以如果有我論並未確切展現真實自性，則無我論亦復如是。於是，有第三種教理，大意是「既非有我亦非無我」。這或許可視為中觀派對於「我」的最終教義，亦即中觀認為這代表關於「我」的勝義諦。不過，如果【18.6】與【18.7】依循的模式和以下【18.8】、【18.9】相同，則【18.6】提及的三種見解皆是「次第教誡」，就中觀標準而言，三者都不能算是勝義諦。（然而，第三個見解是大乘特有的見解，例如瑜伽行派的有些人即持此觀點。）

【18.7】

> 心識的對象所涵蓋的範圍既已止息，
> 言語表詮的對象也隨之止息。
> 諸法自性如涅槃，
> 無生亦無滅。

根據《無畏論》的解釋，人一旦了解色法與其他諸法皆空無自性，就會領悟在勝義上沒有可覺知的對象，而且不再覺知任何勝義實有之物時，想針對瓶與布、王冠與馬車之類的事物，運用二分概念和概念實體化論述的衝動，也會隨之止息。這或許可視為顯示以下這一點：體證（中觀派所認定的）空性和「無相」（梵animitta）的禪修狀態有關，而根據佛陀的開示，達到無想定之後，即證涅槃（參見 D II.102）[1]）。不過，這還有另一個含意：空性等於是佛道修行的最終階段，而其他佛教徒卻認為此終點是「無我」

的慧觀。這是因為儘管大家公認戲論是苦的根源，但是唯有中觀派意識到有問題的不只是與「我」、「我所」相關的戲論。若要遏止我們老是在純粹有用的概念背後發掘勝義實有物的傾向，先決條件即是體證諸法皆空無自性。

【18.8】

> 一切皆是實有，或是一切非實有，
> 一切既是實有且非實有，
> 一切既非非實有亦非實有，
> 這是佛陀的次第教誡。

【18.8】中所謂的「一切」意指諸蘊、處、界等等，亦即阿毘達磨師主張存在的諸法。這些事物之所以是實有的，乃在於人們認為它們是因擁有自性而存在（例如眼具有明辨形色的能力）。關於此論點可能有四個主張，表面上看來此頌似乎至少證實其中之一，但並不排除此四者皆為真的可能，而且第三和第四個主張本身似乎相互矛盾。此外，根據各家注釋，這四個主張可能皆獲得證實。因此，看來或許龍樹在此主張一項或不只一項自相矛盾的說法。

借助「次第教誡」這個觀念，用意在於先發制人，以避免有人反駁四個可能主張中唯有其一可能為真。【18.6】曾援用「佛陀的教化善巧」這個觀念，「次第教誡」也是一種教化善巧，它包含以下的想法：佛陀針對同一主題的各種不同（而且看似相互矛盾的）教誡，皆可納入同一體系，而各有其高低不等的層級，因此佛陀所有教誡皆可調和，皆是通往同一理解或目標。

根據《無畏論》，此處涉及的層級體系如下：「一切皆是實有」將阿毘達磨有關諸蘊等論點斷言為世俗諦。（阿毘達磨師顯然會反對此說，他們主張自己對於這些實體的解釋是勝義諦。）「一切非

實有」意指這些論點無一是勝義諦（因為這些實體皆是「空」的，也因此缺乏它們看似擁有的自性。）「一切既是實有且非實有」主張阿毘達磨的論點在世俗層次上為真，在勝義層次上則是偽。再者，「一切既非非實有亦非實有」表達的是瑜伽師的慧觀，由於他們參究真實的方式不涉及添加歪曲真實的概念，所以對於真實自性，他們無可思惟或論議。

有人或許懷疑中觀論者是否有資格在此談論層級體系的存在，因為說有層級體系，言外之意即是每個位階都比前一個位階更確切反映出真實自性。另外，這種說法也意味最後一個位階最能展現事物在勝義上的樣態。萬一中觀論者如是說，則似乎與他們「諸法皆無自性」的主張相牴觸。欲使某項說明能確切反映事物在勝義上的樣態，則此說明似乎必須正確無誤地描述事物的自性；如果諸法皆不具自性，就沒有任何說明可能忠實反映事物的自性。（參見【13.7–8】）不過，也許此處的層級體系基礎不在於逐漸提升的精確度，而是在於為達成目標（即苦的止息）而漸次提高的效用。

【18.9】

> 不依靠他人而證得，解脫〔自性的束縛〕，
> 不為戲論所障蔽，
> 無歪曲「真實」的概念分別，亦不具有種種不同的意義，
> 此即「真實」之自性。

雖然【18.5】「歪曲真實的概念分別」和「概念的實體化」（戲論）在阿毘達磨師心目中意指人們以「我」、「我所」的角度來詮釋經驗的傾向，但是在【18.9】中，這兩個詞顯然代表人們料想諸法具有自性的傾向。換句話說，儘管【18.5】或可被理解為有關「人空」（人無自性），然而此頌顯然與「法空」（諸法缺乏自性）有關。

對於大乘佛教徒而言，這是大乘和阿毘達磨在對於「真實」的理解方面最大的分歧。

說真實自性不依靠他人而證得，即是說人必須自己親自領會。月稱舉例說明：有個人因為眼疾而處處見到毛髮，雖然此人可以透過視力正常的人告知真相，而最終了解他所見的毛髮非實有，但是這仍然無法讓此人不再見到毛髮。唯有透過自己某種轉變，此人最後才能不再處處見到毛髮。同樣地，我們最終可以理解，事實上沒有任何事物具有它們在我們經驗中所呈現的自性，然而單憑這一點並不會讓我們免除「事物具有自性」的體驗。我們最終有可能直接體驗事物的空性，但先決條件是某種個人的轉變。

說「真實」缺乏種種不同的意義，即是說基本上一切事物具有相同本性——空無自性。不過，各家注釋皆補充一點：這也是由於不用歪曲真實的概念分別來領悟「真實」時，所造成的一種結果。這是因為如果任何事物都不具有自性，那麼正觀諸法時，就不可能運用諸法的自性以進行概念上的區分。為了區分「彼」、「此」，人必須能夠在「彼」、「此」的自性中，確認某個差異之所在，可是如果事物缺乏自性，即不可能做到這一點。

最後請注意，雖然【18.8-9】中所說與「真實」的自性有關，但是【18.8】審議的見解，據稱皆不足以為勝義自性之相作最究竟的描述，而對於【18.9】提出的見解並無如此的描述。另外，需要注意的是【18.9】的用語皆是否定。

【18.10】

> 當一法依賴一法〔以為起因〕而存在時，
> 彼法與彼〔因〕兩者並非同一，
> 亦非相異。
> 因此，彼〔因〕不斷亦不常。

龍樹在【18.10】對中觀諸法空性的教義和佛陀關於「補特伽羅」的教誡作了一些比較，顯示其相似之處。例如，佛陀說業果的獲報者和業種的播種者不一亦不異，他還主張人們可以透過理解這個道理，而明白他對於「補特伽羅」的解釋何以會離於斷、常兩種邊見。龍樹在此宣稱，當一法引起另一法時，此兩者應該既非等同的，亦非相異的。他也說基於這個原因，亦可避免關於諸法的斷滅論與恆常論這兩種極端的見解。

關於「因果不一不異」的論證，參見【1.1–7】、【4.1–3】、【10.1–7】和【12.2–3】。若「因」與「果」是同一的，那麼，「果」的產生將毫無意義；若「因」與「果」是相異的，則任何一法皆可成為任何一法的起因，由此可推斷諸法是不斷亦不常的。如此推斷取決於以下要點：欲使一法若非恆常即不免於斷滅，則此法必定是勝義實有。任何兩個勝義實有法必定是同一的，否則必為相異的。若「因」與「果」的關係是既非同一亦非相異的，那麼「起因若非恆常，即不免於斷滅」之說，則不可能是勝義諦。龍樹此處所用的策略，相較於佛陀開示「播業種者與受果報者不一亦不異」的策略，可說如出一轍。

談到諸法，其他佛教徒不會接受中觀派「因果不一不異」的主張，不過，他們會承認：兩個事物經過分析後，結果是不一不異的，當此兩者之間有因果關係時，我們可以說起因是不斷亦不常的。這正是佛陀的中道策略，亦即說明由於播業種者與受果報者是不一不異的。所以，這些都只是因果序列中諸要素的戲論而已，藉此顯示「人既非恆常，亦非不免於斷滅」。

【18.11】

> 無有單一的目標，亦無有多重的目標；
> 不壞滅，亦非恆常——

這是諸佛世尊
所教導的甘露法。

　　探討某個主題的傳統印度論書，一開始通常會陳述造論的目的
或原因（梵 artha）。【18.11】說明佛陀的教誡既無單一的目的，亦
無多重的目標。《無畏論》和佛護在說明這種教誡可能被認為具有
何種目的時，皆以升天或證得解脫為例。此處所表達的觀念是，如
果一切事物皆空，那麼，目標之類的事物即不可能是勝義實有。
　　然而，我們此處譯為「目標」的「artha」一詞，月稱卻有不同
的解讀。他認為這個詞在【18.11】的含意是「意義」，因此，根據
他的注釋，【18.11ab】說明佛陀的教誡應該被理解如下：「經過分析，
此諸教誡不一亦不異，而且超越斷、常之論。」（LVP，頁 377）
　　不過，【18.11】的關鍵在於「佛陀教導不斷亦不常」的主張。
如果按照【18.10】的邏輯，這表示佛陀的教誡是「空」。例如，如
果我們認為緣起是佛陀中道的核心，則最終會發現這不代表諸法本
身在勝義上如何存在的固定順序。

【18.12】

雖然諸佛不出世，
諸聲聞聖者也消失，
但是諸辟支佛的智慧，
將會無依而生起。

　　所謂「辟支佛」，意指完全憑一己之力證得涅槃者，並未借助
聽聞佛法而學習涅槃之道，諸佛亦復如是。不過，諸佛將他們的體
悟與他人分享，但辟支佛則否。至於「聲聞聖者」（梵 śrāvaka），則
是藉由奉行佛法而證得解脫者。根據《無畏論》，龍樹針對證悟者

提出這種三分法，目的是為了顯示佛教一向認可一種「不依靠他人而證得的」覺悟觀慧（參見【18.9】）。不過，辟支佛這種人物或許也可作為一種具體形象，來說明佛法是不斷亦不常的。因為辟支佛的出現是在最近一尊佛的教法皆被遺忘，而當來生之佛尚未出現之時。

[1] 參見《大般涅槃經》（*Mahāparinibbāna-suttanta*, D II.156）：「於是，世尊即入初禪；由初禪起而入第二禪；由第二禪起而入第三禪；由第三禪起而入第四禪；由第四禪起而入空處定；由空處定起而入識處定；由識處定起而入無所有定；由無所有定起而入非非想定；由非非想定起而入滅想定。爾時，尊者阿難，如是告尊者阿那律言：『尊者阿那律！世尊般涅槃矣。』『友！阿難！世尊非般涅槃。世尊入於滅想定。』於此，世尊由滅想定起而入非想非非想定；由非想非非想定起而入無所有定；由無所有定起而入識處定；由識處定起而入空處定；由空處定起而入第四禪；由第四禪起而入第三禪；由第三禪起而入第二禪；由第二禪起而入初禪；由初禪起而入第二禪；由第二禪起而入第三禪；由第三禪起而入第四禪；由第四禪起後，世尊直入於涅槃。」（《漢譯南傳大藏經》，長部經典二，頁111。譯按：原書疑誤為 D II.102）

19

觀察「時間」

　　凡是對於勝義真實自性的說明，其中必定包括時間狀態的描述。就這一點而言，表面上看來似乎只有兩種可能：（一）時間本身是勝義實有法之一；（二）時間是概念的虛構，是基於有關勝義實有法的事實而建構的產物。龍樹在【19.1-5】考察第一種可能，【19.6】探討第二種可能。

　　時間是由過去、現在、未來三個階段所組成。因此，如果時間是實有的，則這三個階段也必定同為實有。那麼，它們是各自獨立存在呢？還是以相互依賴的關係存在？佛護注此章一開始即駁斥獨立存在的論點，其理由是，如果未來獨立存在，則未來永遠只能存在於未來，不會存在於現在或過去，結果時間將停滯不前，不會改變，存在於未來者永遠都是未來。既然時間的存在應該是解釋變化的可能性，如果時間靜止不變，則對於時間本質的任何探究皆是徒勞無功。所以，如果時間存在，我們必定會推斷時間的三個階段彼此依賴而存在，例如，一事物唯有發生於過去之後，才會處於現在或未來。

　　本章的論證概述如下：

假定：時間必定是下列兩者之一：（一）它本身是勝義實有；（二）它的存在依賴諸實體的存在。

　　假設是（一）。

【19.1-2】破斥現在與未來依賴過去而存在的可能性。

【19.3ab】破斥現在與未來獨立於過去而存在的可能性。

【19.3cd】結論：現在與未來的存在並非根據假定（一）。

【19.4】相同的策略破斥過去與現在依賴未來的可能性，以及過去與未來依賴現在的可能性。此策略亦適用於其他相互界定的「三聯體」（interdefined triples）。

【19.5】對於「既然時間可被測量，則必然存在」的隱含反駁，予以回應如下：唯有駐留者可被測量，而時間無法駐留。

【19.6】破斥假定（二），理由是在勝義上沒有任何實體存在（這一點於此書其他章節證實）。

【19.1】

　　如果現在和未來

　　依賴過去而存在，

　　則現在和未來

　　應於過去時存在。

　　由依賴而存在的論點產生的難題如下：若此論點成立，則現在和未來必然不僅各自存在於現在與未來，而且也存在於過去。此外，如果現在不只存在於現在，也存在於過去，那麼現在不可能是現在，

換句話說，現在就不是當下出現之事發生的時刻，因為如果現在存在於過去，則當下出現之事也是過去已經發生之事，但這是荒謬的。不過，由依賴而存在的論點為何規定現在與未來應存在於過去？這個問題將於下一頌處理。

【19.2】

> 再者，如果現在和未來
> 不存在於彼處（過去），
> 則現在與未來
> 何以依賴於彼而存在？

簡而言之，此頌論證一法不可能依賴他法，除非此兩者同時存在。例如兒子之所以成為兒子，是依賴父親的存在，而且此一依賴關係需要兩者共同存在於某個時刻。

【19.3】

> 此外，若不依賴過去，
> 則此兩者無法成立。
> 因此，現在與未來
> 皆不可能存在。

此處論證看來似乎是佛護建立【19.1】論證提出的論據。

【19.4】

> 當知其餘兩者
> 亦可以相同的方式看待。
> 上、中、下等，

以及單數等，亦可如此觀之。

　　相同的推論可用以證明過去和未來必存在於現在，以及過去和現在必存在於未來，從而顯示三時相互依賴而存在的想法荒誕無稽。我們可以依循相同的策略展開論證，以顯示其餘類似的「三聯體」的問題，例如上、中、下等，以及單數、雙數、複數等。佛護補充一點：同樣的推理逐漸瓦解「遠近、早晚、因果等成對事物是實有」之說的立論基礎。

【19.5】
　　不住的時間不可得，
　　安住的時間雖可得，卻不存在。
　　而不可得的時間
　　又如何能被構想呢？

　　論敵反駁前述論證，理由是時間可以剎那、片刻、小時等單位來測量，因此時間必然存在，此點無庸置疑。於是龍樹提出兩難推理以作為回應：可被測量的時間以什麼樣態存在，它是駐留或維持不變的事物嗎？還是變動不居的事物呢？根據佛護的解釋，唯有固定或安住不動者才能被測量，所以，變動不居的時間無法測量。但是，如果因為時間可被測量，我們因此臆測時間必定駐留，則會面臨「時間靜止不動」的難題，因為這不合常理。唯一可能存在而因此可被測量的時間不可得，也因此無法被測量。所以，如果時間可以測量是事實，不可據此推論時間是實有的。
　　在月稱的注釋中，論敵勉強讓步，承認時間不可能是獨立存在的勝義實有法。但是論敵認為還是有方法承認時間的實有性，亦即以勝義實有法為基礎，讓時間被命名，並且形成概念（如同「補特

伽羅」被說是以勝義實有的五蘊被命名並形成概念）：

「所謂『時間』，的確絕對不是有別於色法等諸法而具有自性的一個恆常實體。那麼，時間是什麼呢？時間，被人們以『剎那』等語詞指稱，其實是基於色法等有為法而形成的概念。在此並無過失。」（LVP，頁387）

論敵的想法是，時間是一個衍生的觀念，有助於把組合而成的（也因此是無常的）實體的出現概念化。存在的是那些實體，而時間是我們了解那些實體之間關係的方法。龍樹以【19.6】回應。

【19.6】

> 如果時間依賴一現存事物而存在，
>
> 那麼，在沒有現存事物的情況下，時間將如何存在？
>
> 根本沒有任何現存事物的存在，
>
> 又怎麼會有時間呢？

在此探討的假設需要有勝義實有法，而如同月稱簡單扼要地指出，這點已經頗為詳盡地予以破斥了。

20

觀察「和合」

　　龍樹在這一章中，重提因果之間的關係。章題中的「和合」（assemblage）意指主因和眾緣的聚合，這相當於現今通稱的「總體因」（the total cause），說明這個觀念的慣用例證是新芽的產生。或許我們很想說種子是新芽的因，但是如果我們所謂的「因」意指新芽產生的充分必要條件，則這種說法不符事實。除了種子之外，還得要有土壤、水分和適當的溫度等因素，新芽才會出現。「和合」即是指這一切因素共同存在的集合。在阿毘達磨中，這個集合的元素稱為「因緣」（梵 hetupratyaya），其中「因」（梵 hetu）通常在某些方面相當於亞理斯多德所謂的「質料因」（the material cause。在新芽的例子中，種子是質料因），而「緣」（梵 pratyaya）則是其他因素。

　　因果關係通常被認為是一種「產生」的關係：說某事物為起因，即是說此事物產生結果；這種想法說明了「果」的生起。但是既然已經區分一般所謂的「因」（例如種子）與因緣的和合（例如種子和土壤、水分、適當的溫度等條件同時存在），我們可以問：究竟是什麼造成「果」的產生？實際產生「果」的是因緣的和合體，還

是只有因緣和合中的一個元素——質料因？我們此處採用月稱的章題，但其他注釋者的章題有所不同，佛護和清辨所訂定的章題是〈和合與因果因素之考察〉，這更能傳達龍樹此章的內容。他首先論證產生「果」的不可能是因緣和合，對於這一點，或許可以回應如下：就比喻的意義而言，因緣和合的確產生「果」，也就是說這是由於因緣和合中的一個元素——質料因——產生「果」。於是論證轉而檢視「質料因產生果」的說法是否成立。欲使「因生果」的說法在實質意義上為真，進而使得「因緣和合產生果」的說法在比喻意義上為真，因果之間必須具有某種關係，但龍樹論證說明因果之間不可能建立此一關係。接下來的論證，其運用的方法在某種程度上是檢視這種關係的兩種存在可能性：（一）「果」存在於其因果序列的前項（causal antecedents）之中；（二）「果」不存在於其中。這些可能性分別由兩種因果理論表述，亦即我們在前面章節所見的「因中有果論」和「因中無果論」（參見【1.3】、【4.6】、【10.13】），但是相較於前文，本章更詳盡地探索這兩種論點導致的結論。

本章和第一章的主題有密切關連。第一章提出的問題是：「現存事物可否說是從因緣而『生起』？」但是這一章的問題是：「可否說因緣和合『產生』果？」我們在此使用「產生」（produce），而非「生起」（arise），因為龍樹在此所用的動詞是「√jan」，有別於他在第一章所使用的動詞「sam-ut√pad」。這兩個動詞皆用以指稱「能生」（producer）與「所生」（produced）之間的關係；前者是關於產生者，後者則是關於被產生者。我們不認為此處動詞的改變在義理上有特殊的含意。

本章的論證概述如下：

【20.1-8】破斥因緣的和合。
【20.1-4】「果」既不存在亦非不存在於因緣和合中。

【20.5-6】「因」的自性說明相異之「果」的產生，但是因緣和合根本無此自性，因為「果」不可能得到它，它也不可能隨著因緣和合而滅。

【20.7-8】無論因緣和合與「果」同時存在，或存在於「果」出現之前 [1]，因緣和合並未產生相異之「果」。

【20.9-22】破斥「因」。

　　　　【20.9-10ab】已滅之「因」不產生「果」。

　　　　【20.10cd-11】因果不可能相連，亦不可能不相連。

　　　　【20.12-15】因果根本不可能相觸。

　　　　【20.16】「因」既非空無「果」的自性，亦非不空無。

　　　　【20.17-18】「果」既非空無自性，亦非不空無。

　　　　【20.19-20】因果不一不異。

　　　　【20.21】「果」非實，亦非不實。

　　　　【20.22】不產生「果」的「因」不是「因」。

【20.23-24】結論：因緣和合不產生「果」。

【20.1】

　　若「因」與「緣」的和合，

　　而有「果」的產生，

　　而且「果」存在於因緣和合之中，

　　因緣和合何以會產生「果」？

　　「果存在於因緣和合」的說法，即是確認因中有果論，亦即「果」以未顯的形態存在於因緣和合中的觀點。此處的論證如下：

依照此觀點，我們不可能說因緣和合產生「果」；因為要產生一事物，此事物必須形成於某個特定的時間，亦即產生之時，如果新芽已經存在於種子、土壤、水分、適當溫度等因緣的和合體之中，我們就不能說這些因緣產生新芽。因為如果新芽已經存在，那麼，這些因緣就不可能產生新芽。

【20.2】

> 若「因」與「緣」的和合，
>
> 而有「果」的產生，
>
> 而且「果」不存在於因緣和合之中，
>
> 因緣和合何以會產生「果」？

　　如果因中有果論必須被否定，那麼，我們似乎應該欣然接受因中無果論。然而【20.2】卻不作如此主張。此處的論證是，「果由因緣和合所生」的說法，等於是說一法從另一法生出。但是，不存在於因緣和合者不可能從因緣和合中被產生，就如我們不可能從沙中榨取芝麻油一樣。

【20.3】

> 於因緣和合之中，
>
> 如果已有「果」存在，
>
> 難道在和合中看不見「果」嗎？
>
> 但是，在因緣和合中的確看不見「果」。

　　無論如何仔細觀察，我們永遠不會在種子、土壤、水分和適當溫度等因緣中發現新芽。因此，「果在因緣和合中」的主張是沒有根據的。當然，正如月稱所指出，因中有果論的支持者會堅持有推

論上的根據，例如一個人不可能從沙中產生芝麻油，或從水瓶中產生凝乳。此外，清辨承認，數論派（Sāṃkhya）也會說我們在因緣和合中看不見「果」，是因為「果」尚未顯現，但是清辨也說顯現的理論已被破斥（參見【10.13】）。月稱也表示，儘管芝麻籽的推論是反對因中無果論的論證，卻不能直接證實因中有果論。此推論要成為支持因中有果論的根據，唯有在這兩個理論窮盡一切可能性的情況下，使得兩者其中之一必為真，而這正為中觀論者所否認。

【20.4】

> 於因緣和合之中，
> 如果無有「果」存在，
> 則諸因和諸緣
> 等同於非因緣。

　　因中無果論最根本的難題，在於如何解釋我們為什麼可以藉由拉坯、窯燒陶土而產生瓶，而不是產生凝乳。陶土、拉坯和窯燒的和合可算是瓶的主因和助緣，但是對於凝乳而言卻不是其因緣。根據因中無果論，無論是瓶或凝乳，皆不存在於因緣和合中。如此一來，要如何解釋兩者的差異？

【20.5】

> 如果因將「因」的特性賦予「果」，
> 而後「因」滅，
> 則「因」有雙重自性：
> 賦予「果」的自性和被滅的自性。

　　根據佛教對於因中無果論的公式化闡述，當「果」產生之際，

「因」即消失（參見【1.5–6】）。論敵也許為了回應【20.4】提出的難題，宣稱「因」在消失時將「因力」（causal capacity）轉讓於「果」。但是這種說法等於是認為「因」有兩個不同的自性：一是人們據以稱之「已滅」的自性，一是人們據以稱之「具有因力」的自性。因為若「因」只有單一自性，則當它消失時，此自性亦隨之消失，不會繼續存在，而作為「果」的自性。在月稱看來，這個假設的難題在於那兩個自性有相互矛盾的特質：轉讓給「果」的自性有常住的特質，而隨「因」而滅的自性卻是轉瞬即逝。然而，一個事物不可能具有兩個相互矛盾的自性。

【20.6】

> 再者，如果「因」在滅去之前
> 並未將「因」的特性賦予「果」，
> 則於「因」滅之時所產生的「果」
> 將會是無因而生。

如果論敵試圖迴避上述難題，而主張「因」具有單一自性，且此自性會隨「因」滅而滅，那麼我們又回到老問題，亦即如何解釋為什麼正是這些因緣能產生此「果」？因為如此一來，因中無果論者再也無法藉由主張「因」具有它賦予「果」的因力，從而解釋這個問題。因此，根據這個公式化的闡述，「果」完全可以從任何因緣和合體中產生。

【20.7】

> 若「果」的現起
> 是與因緣和合同時，
> 則可由此推斷「能生」與「所生」

是同時而有的。

假設論敵試圖迴避【20.6】最後提及的難題，而主張因緣和合與「果」同時出現，則如佛護所示，我們不可能說何者是「因」，何者是「果」。人們稱父親為「因」，產生兒子，正是因為父親存在於兒子之前。

【20.8】

此外，若「果」的現起，
是在因緣和合之前，
「果」既然缺乏因緣，
則將成為無因者。

除了「果」出現於因緣和合之後（【20.5-6】），以及「果」與因緣和合同時（【20.7】）之外，第三個可能是「果」出現於因緣和合之前。這個觀點顯然有缺失，也就是如此一來，因緣和合不可能導致「果」的產生，則「果」必定被視為是無因而生起。【20.5-8】的論證是三時論證模式的另一實例，之前曾經運用於因果關係的探討，相當於【1.5–6】的情況。

【20.9】

如果認為「因」滅去之後，
「因」轉移至「果」，
則可由此推斷已產生之「因」，
又再次誕生。

根據各家注釋，此時另一位論敵投入論戰（清辨指出此論敵為

數論派）。此人同意因緣和合並未產生「果」；「果」是由「因」產生的。此處考察以下的假設：當「因」滅去時，「因」的自性轉移至「果」。然而，如月稱所言，這就有如說「因」變裝，而換上「果」的外衣，因此和佛教的根本宗旨——諸法無常——相牴觸，因為這等於是說一法脫去「因」的服裝，換上「果」的服裝，藉由服裝的變換而常住。另外，既然論敵認為「果」被產生或誕生，那麼「果」的誕生是第二次，因為「果」只不過是換了新裝的「因」，而先前「因」已被產生，這同樣是一個荒謬的結論。精通義理的佛教徒和英國哲學家洛克（Locke）見解一致，洛克曾說一個事物只能有一個存在的起點（參見《人類理解論》〔*An Essay Concerning Human Understanding*〕II.27.1）。

【20.10】

> 已滅去而終止者
> 如何能產生已生之「果」？
> 另一方面，與「果」連屬的「因」雖然常住，
> 但如何能產生「果」？

假設論敵為了回應上述難題，重提「因滅於果形成之前」的觀點，依此觀點，「因」不可能是造成「果」自性的因素，因為不復存在的實體絲毫不能有所作為。萬一論敵為了彌補此缺失，主張因果之間有某種關係，使得「因」有可能決定「果」的自性，則因果必定共存。如果「因」導致「果」自性的決定時因果共存，則在「因」產生「果」之前，「果」必然已經存在。因此，這再次顯示「因」不可能是產生「果」者。

【20.11】

> 此外，如果不與「果」相連，
>
> 彼將產生何種「果」？
>
> 無論見或不見〔對象〕，
>
> 「因」皆不能生「果」。

【20.11ab】延續【20.10】的論證策略。贊同「因果不可能有適當連結」的論敵，勢必勉為其難地承認「因不可能決定果的自性」。如此一來，「因」便無理由產生任何一種「果」，而非其他的「果」。

根據《無畏論》和清辨，【20.11cd】以一個例子提出相關論點。這個例子是眼根產生眼識。問題是眼根產生此「果」，是在它本身已看見明顯可見之物之後，還是尚未見到此物之時？若有人說是前者，則眼根產生眼識即是產生已生之物，因為眼根見到可見之物，正是眼識的一個實例。至於另一個選項，亦即眼根在尚未看到可見對象的情況下產生眼識，若是如此，任何事物都可能被看見，不管眼根接觸到的是什麼對象。假設我的眼光觸及一塊藍色的斑點，而此相觸導致眼識生起，如果我的眼根本身尚未看到藍色就產生此眼識，為何結果產生的眼識是藍色，而不是紅色？我的眼根不是同樣沒看到紅色嗎？

【20.12】

> 過去的「果」，
>
> 從不與過去的「因」相觸，
>
> 亦不與未來的「因」，
>
> 以及現在的「因」相觸。

【20.13】

　　未來的「果」，

　　從不與未來的「因」相觸，

　　亦不與過去的「因」，

　　以及現在的「因」相觸。

【20.14】

　　現在的「果」，

　　從不與現在的「因」相觸，

　　亦不與未來的「因」，

　　以及已滅去的「因」相觸。

　　若欲使「因」決定「果」，因果之間必定存在某種「接觸」的關係，而其先決條件是兩者共存。但是過去之事和未來之事皆不存在——過去的事物不復存在，而未來的事物尚未出現。這說明為什麼凡是涉及兩個關係體（relata）其中之一是過去或未來，或兩者皆是過去或未來的情況，都一律排除實有相觸的可能性。剩下唯一的情況是兩者存在於當前，根據各家注釋的解說，這個情況的難題在於因果絕對不會同時存在。因此，整體而言，此處的論證無異於【1.5-6】。

【20.15】

　　既無相觸，

　　則「因」何以能產生「果」？

　　但是如果有相觸，

　　則「因」何以能產生「果」？

　　【20.15】概括【20.12-14】的推理。因果之間必須維持的「產生」

關係需要因果共存，但是當因果的確同時存在時，「果」的產生變得多此一舉，因為「果」已經存在。

【20.16】

> 如果「因」中空無「果」，
> 則「因」如何能產生「果」？
> 如果「因」中「果」不空，
> 則「因」如何能產生「果」？

說「因」中空無（或缺乏）「果」，即是說「因」中沒有「果」的自性。駁斥此假說的理由和【20.4】相同，亦即如此一來，人們聲稱的「因」和一般公認的「非因」（non-cause）根本並無不同。另一種說法是「因」中有「果」的自性，但在此情況下，「果」已經存在，因為「果」的存在即是其自性的存在。所以，如此一來，不能說「因」產生「果」。

【20.17】

> 不空之「果」是不生的，
> 不空之「果」是不滅的。
> 彼既不空，
> 則不滅亦不生。

說「果」不空，即是說「果」具有其自性。具有自性者既不可能生，亦不可能滅。支持這個主張的論證已在第十五章提出。

【20.18】

> 空之「果」如何生？

空之「果」如何滅？
由此可推斷空之「果」
亦是不生不滅的。

因為空無自性者並非勝義實有，所以，空之「果」的生起或壞滅不可能是勝義諦。

【20.19】
「因果是同一的」，
這絕不可能成立；
「因果是相異的」，
這絕不可能成立。

【20.20】
設若因果是同一的，
則「能生」與「所生」則成為一體；
設若因果是相異的，
則「因」與「非因」則是等同的。

因果是等同，還是相異？如果因果是同一的，則父等同於子，眼根等同於眼識，種子等同於新芽等等。另一方面，如果因果是相異的，則「因」無異於「非因」，而且「果」將完全不依賴「因」。

【20.21】
自性實有之「果」，
如何能由「因」產生？
非自性實有之「果」，
如何能由「因」產生？

基本上，此頌論證和【20.17-18】相同。

【20.22】

　　如果某事物不產生〔果〕，

　　即不可能是「因」；

　　彼若不可能是「因」，

　　則〔彼果〕將屬於何者所有？

　　一個事物唯有在主動產生的情況下，才具有「因」的自性。關於「產生」，似乎並未充分說明。但是一個事物唯有被「因」產生，才可能是「果」。所以，在此同樣也沒有「果」的存在。

【20.23】

　　如果因緣的和合，

　　由此和合的自體，

　　尚不能產生自體，

　　又如何能產生「果」？

　　倘若論敵反駁，認為論證已經偏離原先「因緣和合產生果」的假設，轉而探討另一個不同的觀點──單一之「因」產生「果」，那麼，論主的回應是：因緣和合本身並非勝義實有，只是由各個部分所組成的整體，嚴格說來，它無法發揮任何真實的作用。

【20.24】

　　「果」不由因緣和合而生，

　　亦不由無因緣和合而生。

　　在「果」不存在的情況下，

何以有因緣之和合？

　　由於因緣和合本身並非真實的實體，所以不可能產生「果」。
然而，說無因緣和合而能生「果」，即是說「果」是無「因」而生，
但這是不可能的，因為所謂「和合」，意即因緣共同存在。因此，
不能說有「果」。如此一來，也不能說有因緣和合，因緣和合體的
存在顯然取決於它們共同擁有產生「果」的能力，但是我們卻無法
發現「果」的存在。

---

[1] 原文如此，但與頌文不合。參見【20.8】：「果」出現於因緣和合之前。

21

觀察「（現存事物之）生成與壞滅」

　　根據各家注釋，論敵此時重提第十九章的主題——時間。此論敵堅稱「時間」必是實有的，因為現存事物的確有生成與壞滅。若無時間上的差異，生成與壞滅不可能發生，而且除非時間存在，這種差異不可能存在。因此，論敵主張時間必為勝義實有。接下來探究的觀念是，現存事物的生成（形成）和壞滅（終止或消失）之類的事物是可能存在的。鑒於無常，若有真實的實體，則必然有生成和壞滅。本章試圖確定的是，「實體存在於無常的因緣條件下」所指的究竟是什麼意思？不過，如【21.14】所明示的，此章隱含的關切要點是佛陀告誡弟子要避免常、斷二邊見時的用意為何（參見【15.6–11】、【17.10】、【18.10】）。沒有生滅的事物是恆常的，但任何有生滅的事物都會散壞（斷滅）。阿毘達磨師認為佛陀的告誡只適用於由局部組成的實體，例如「補特伽羅」，他們在說明補特伽羅無常時，也運用諸法有生滅的觀念。龍樹將在此章中質疑這種企圖。

【21.1】主張：生成與壞滅既非共同發生，亦非各自發生。
【21.2-7】上述主張的理由。

【21.8】 生成與壞滅和以生成與壞滅為特徵的實體相互依賴。

【21. 9】 生成與壞滅不可能是空法的特徵，亦不可能是不空法的特徵。

【21.10】 生成與壞滅不一亦不異。

【21.11】 生成與壞滅虛幻不實，因為絕不可能有以生成與壞滅為特徵的現存事物。

【21.12-13】 現存事物不可能從現存事物產生，也不可能從非現存事物產生，不自生亦不他生。

【21.14】 實體存在的先決條件是有人持有常見或斷見。

【21.15】 論敵：藉由承認生成與壞滅相繼的一連串現存事物，即避免彼二邊見。

【21.16-17】 回應：此提議依然等同於接受常見或斷見。

【21.18-21】 「因」的壞滅不可能在「果」生起之前，「因」的壞滅不可能在「果」生起之後，「因」的壞滅和「果」的生起不可能同時。因此，不可能有現存事物的因果相續之類的事物。

【21.1】

> 壞滅絕不與生成共存，
> 亦不離生成而獨存；
> 生成絕不與壞滅共存，
> 亦不離壞滅而獨存。

壞滅是現存實體的消失，生成是現存實體的形成。生滅若非各

自出現，即是相伴發生。龍樹主張現存事物是由「生滅引生」的四種假設無一成立，以下四頌分別提出支持此主張的理由。

【21.2】

若無生成，

何以有壞滅？

若無〔先前之〕出生，則絕無死亡，

〔同理，〕若無生成則無壞滅。

唯有存在的事物才可能終止或發生壞滅，而且沒有任何存在的事物不曾經歷過生起，正如沒有人不先出生而死亡。

【21.3】

壞滅與生成

如何可能共存？

因為出生與死亡

不可能同時發生。

【21.2】論證壞滅的存在依賴生成，因此壞滅不可能別異於生成而存在。【21.3】則論證壞滅也不可能與生成共同存在，因為生滅具有截然不同的自性。

當然有人可能意圖反駁，認為生成與壞滅之間的依賴不必以兩者同時存在為先決條件。論敵或許主張雖然壞滅依賴生成，但是實體的生成發生在壞滅之前。不過別忘了論敵想要以生成與壞滅存在為基礎，證明時間的實有。聲稱生成與壞滅可能發生於不同時間，即是預設時間的真實性。因此，論敵不能以這種方式反駁此處的論證。

【21.4】

如果無壞滅，
何以會有生成？
因為現存事物中，
從未不見無常性。

　　既已顯示壞滅的存在與生成共存或分開皆不可能，此時論證轉
而以「生成」為主題。說生成無壞滅而存在，即是說生成的事物絕
不消失。這違反佛教對於世間實相的核心教義──一切皆是無常。

【21.5】

生成與壞滅
如何可能共存？
因為死亡與出生
不會同時發生。

　　如果無壞滅，生成不可能存在，但生成亦不可能與壞滅共同存
在，理由和【21.3】相同。

【21.6】

無論共同存在或彼此分離，
生成與壞滅兩者皆不能成立，
此兩者的存在，
又何以能成立？

　　除了生成與壞滅共同存在和個別存在之外，很難看出還有其他
的可能性，因而理所當然推論兩者不可能是勝義實有。所以，生成

230

與壞滅的存在不能用以支持時間實存的主張。

【21.7】

> 以「滅」為特徵者無有生成，
>
> 不以「滅」為特徵者亦無有生成；
>
> 以「滅」為特徵者無有壞滅，
>
> 不以「滅」為特徵者亦無有壞滅。

月稱解釋【21.7】的論證如下：生成與壞滅是發生於現存事物的事件，而現存事物或以「滅」為特徵，或不以「滅」為特徵。因此，我們或許會問：「生成與壞滅應被理解為屬於以『滅』為特徵的現存事物，還是屬於不以『滅』為特徵的現存事物？」然而，以「滅」為特徵的事物不可能是生成的所依或所在之處，因為生滅彼此不相容。既然這樣的事物不可能有生成，同樣不可能有壞滅。至於不以「滅」為特徵的事物，其自性永遠不會不存在，這樣的事物不可能有生起；它的壞滅也同樣不可能，因為它缺乏既可存在亦可不存在之物的自性。

【21.8】

> 若無生成與壞滅，
>
> 則現存事物不存在；
>
> 若無現存事物，
>
> 則生成與壞滅不存在。

我們在【21.8】中採用葉少勇版的順序（Y，頁352），亦即將普桑版【21.8ab】和【21.8cd】對調，因為葉版的順序有《無畏論》、佛護與清辨的註釋作為根據。生成和壞滅是屬性，而屬性需要所依，就

生成與壞滅而言，其所依必須是現存事物，因為唯有現存事物才能以生成與壞滅為特徵。問題是儘管生成與壞滅是現存事物的屬性，若無此二屬性，無常的現存事物也無法存在。因此，現存事物與其成壞的屬性之間有相互依賴的關係，彼此若無對方皆無法存在。

【21.9】

> 就「空」的事物而言，
> 生成與壞滅不能成立；
> 就「不空」的事物而言，
> 生成與壞滅也不能成立。

「空」的事物缺乏自性，因此非勝義實有，所以，「空」的眾生不能以生成與壞滅為特徵。然而，「不空」的事物——具有自性者，也不能以生成與壞滅為特徵。根據月稱的解釋，這是因為既然無一物不「空」，則生成與壞滅便無所依。不過，《無畏論》對此論證有不同的解釋：不空者有固定、確切的自性，故與生成與壞滅並不相容。

【21.10】

> 生成與壞滅是同一的，
> 此論點不成立，
> 生成與壞滅是相異的，
> 此論點也不成立。

如果生成與壞滅是實有的，則此兩種狀態必定是同一的或相異的兩者其中之一。生成與壞滅不可能是同一的，因為兩者的自性互相牴觸。但是生成與壞滅也不可能是相異的，因為兩者之間有始終

如一的相伴關係，凡有生成處必有壞滅，反之亦然。而且如果兩者是相異的，生成或壞滅即有可能單獨存在。

【21.11】

> 現存事物的生成與壞滅，
> 如果你堅持是確實可見的，
> 則唯有出於愚痴，
> 才會見到生成與壞滅。

我們在日常生活中觀察到事物的生成與壞滅，所以，認為生成與壞滅是實有現象的想法似乎不無道理。然而中觀派說，這只是表相，是讓我們深陷生死輪迴的愚痴所產生的。為何這種表相能誑惑世人？各家注釋皆表明其理由是，生成與壞滅必定涉及現存事物，而現存事物的產生只能來自現存事物或非現存事物，但是這兩個可能性都不合理，如同【21.12】的論證所示。

【21.12】

> 現存事物不從現存事物產生，
> 非現存事物亦不從現存事物產生；
> 現存事物不從非現存事物產生，
> 非現存事物亦不從非現存事物產生。

我們在【21.12】中採用葉少勇版的順序（Y，頁 354），亦即將普桑版【21.12ab】和【21.12cd】對調，因為葉版的順序有《無畏論》、佛護與清辨的注釋為佐證。根據月稱的說法，第一個可能性被排除，因為如此一來，因果將會是同時的（因為只有當下存在的事物是現存事物），而且既然被認為是「果」的實體已經存在，則

「產生」將變得毫無意義。至於第二個可能性，因為不存在與存在不相容，第二種論點就等於是說在光明中可能有黑暗。第三個可能性也被排除，理由是如果此說成立，則一個不孕症婦女的女兒可能真的產下一個兒子。第四個可能性被排除的理由是，因果關係不可能存在於兩個非實有的事物之間。

【21.13】

> 現存事物不從自生起，
> 亦不從他生起，
> 不從自他共生。
> 那麼，現存事物從何而生？

根據《無畏論》的說法，駁斥第一個可能性的理由是不滅的「產生」毫無意義。換句話說，如果一物能自生，則永遠都在自生的過程中，但是一個實體的生起應該只發生一次，這也導致無窮後退的過失。至於第二個可能性，根據佛護的解釋，某物 y 唯有在一種情況下可能與一特定的現存事物 x 相異，也就是 x 這個實體必須存在，若是如此，「產生」也同樣毫無意義。第三種可能性也必須被駁斥，因為它承繼前兩種說法的所有問題。

【21.14】

> 對於承認有現存事物的人，
> 自然會有常見或斷見，
> 因為若有現存事物，
> 則其若非恆常，即是無常。

如果有人相信有勝義實有的現存事物，則這些事物必為恆常或

無常兩者其中之一。但是如果現存事物是恆常的，則此人相信有恆常現存事物；如果它們是無常，則此人相信現存事物是斷滅的。而所謂恆常論（常見）和斷滅論（斷見），佛陀說皆是必須避免的極端見解（邊見）。（參見【15.6-11】、【17.10】、【18.10】）

但是請注意，根據阿毘達磨的詮釋，佛陀這條訓誡只適用於諸如「補特伽羅」之類的現存事物或「眾生」，不適用於阿毘達磨師所認定為勝義實有者──諸法。根據他們的解讀，常見是「補特伽羅」（以自我的形態）恆常存在的見解，而斷見是「人」死（或身心諸蘊一旦滅盡時）即灰飛煙滅的見解。對他們而言，離常、斷兩邊見的中道觀認為有諸無常法的因果相續，它們皆空無自我之性。龍樹卻主張中道離常、斷兩邊，不僅對人而言是如此，對一切事物皆是如此。他提倡以「法空」或「法無我」（梵 dharmanairātmya）為中道，取代阿毘達磨的「人空」或「人無我」（梵 pudgalanairātmya）的論點。

【21.15】

〔反駁：〕
對於承認有現存事物的人，
既不會有常見，也不會有斷見，
因為存有狀態
即是因果的生滅相續。

論敵在此提出一條脫困之道，擺脫龍樹在【21.14】所提出的兩難推理。論敵表示，諸如存有狀態（梵 bhāva）或個別生命之類的因果相續中，一旦「因」消逝或壞滅，其「果」即生起。例如，構成一個成年人的諸蘊開始出現，是由於此前構成此人身為兒童時的諸蘊消逝。因此，既然現存實體逐一消逝，恆常論的過失便得以避

免，但也因為時時都有新的事物產生，所以也避免了斷滅論的過失。

【21.16】

〔回應：〕
如果存有狀態
即是因果的生滅相續，
因為已消逝者不再生起，
自然會有「因」的斷滅。

龍樹的回應是，上述論敵的策略無助於避免斷滅論的過失，因為在因果相續中，每個階段「因」的壞滅即是該現存事物的斷滅。不能由於「因」產生「果」而宣稱「因」不滅，因為「果」若是「因」的產物，則必是相異於「因」的現存事物，所以不能將「果」視為「因」的再生。

【21.17】

以自性存在的事物，
不能說其不存在。
而且在涅槃時，存有狀態會有斷滅，
因為相續止息的緣故。

再者，根據論敵對中道的詮釋，因果皆是勝義實有的實體，因此具有自性。這樣的實體不可能停止存在，因為停止或止息會涉及它們自性的變化，而勝義實有法的自性不可能有變化。（參見【13.4cd–6】）因此，論敵並未避免恆常論的過失。此外，當阿羅漢證得涅槃之時，亦即達到最終階段的止息，諸蘊的因果相續終止，永無再生。在此情況中，論敵不能說已避免斷滅論的過失，因為此

因果相續中，根本沒有後續出現的「果」。

【21.18】

> 如果當死有已止息時，
> 生有即出現──此說法並不正確；
> 如果當死有尚未止息時，
> 生有即出現──此說法亦不正確。

據稱死有（一存有狀態的最後剎那）是生有（新存有狀態的最初剎那）之「因」。那麼，生有是在死有終止時隨即出現，還是在終止前出現？第一種情況不可能，因為若是如此，則死有將會和阿羅漢生命的最後剎那同樣不具有因果效力。但是生有也不可能發生在死有之前，因為如此一來，舊存有狀態尚未終止，而新存有狀態也因此不能算是再生。

【21.19】

> 如果死有正在止息時，
> 產生生有，
> 那麼，正在止息的死有是一法，
> 而正在出生的生有是另一法。

經歷再生者想必是一個眾生，但是如果前一期生命的最後剎那正在終止，同時新一期生命的最初剎那也在產生，則兩期生命會有重疊之處。此外，同一個眾生一生中不同時期之間不可能有重疊。因此，再生涉及的眾生會有兩個，而不是一個。

【21.20】

> 終止與出生同時發生的臆測
> 是不正確的，
> 難道一個眾生會於諸蘊死亡時，
> 再以此等諸蘊出生？

論敵或許想避免【21.19】指出的難題，於是猜想是同一個眾生同時經歷死亡與再生。此一假說會有個難題——若是同一個眾生，則同樣的諸蘊必定參與死亡與再生這兩個事件。而且如果死亡與再生同時，那麼此等諸蘊將同時經歷出生與死亡。但這是不可能的，因為出生與死亡是彼此對立的過程。

【21.21】

> 因此，於三時之中
> 皆不可能有存有狀態的相續。
> 如果它不存在於三時之中，
> 又如何可能是存有狀態的相續呢？

【21.18ab】駁斥生有於死有之後出現的可能性，【21.18cd】駁斥生有於死有之前出現的可能性，【21.19-20】考量第三個可能的時間——生滅同時，亦予以駁斥。因此，「存有包含因果相續」的觀念無法幫助論敵避免常見和斷見的過失。

觀察「如來」

　　「如來」是佛的名號之一。在月稱注釋此章的一開始，論敵即提出反駁：生生世世的因果相續必定是勝義實有，因為若非如此，則不可能有如來。此說的論證是：若無此相續，不可能有再生；若無再生，則不可能有生生世世的修行，而欲證得佛的諸功德與善巧，累世修行不可或缺。

　　龍樹的回應是，在勝義上不可能有如來。換句話說，被認為是佛陀所依賴的諸蘊是「空」的，同樣地，佛陀也終究是「空」的。這進而提供一個機會，重新討論第十五、十七、十八和二十一章已探討的恆常論與斷滅論的問題。本章的論證概述如下：

【22.1-10】如來的空性。
　　【22.1】根據五重觀察，具有自性的如來不可得。
　　【22.2-8】如來不可能依賴諸蘊。
　　【22.2-4】無論與諸蘊同一或相異，無自性之如來皆不可能依賴諸蘊。
　　【22.5-7】與諸蘊不一亦不異之如來不可能依賴諸蘊。

【22.8】結論：鑒於五重觀察不足以證實如來的存在，
　　　　　如來不可能依賴諸蘊。

【22.9-10】被認為如來所依賴的諸蘊是「空」的，既然
　　　　　　兩者皆是「空」的，其中一者不可能依賴另
　　　　　　外一者。

【22.11】關於空性的「四句否定」（梵 catuṣkoṭi；tetralemma）：
　　　　　即使空性也是世俗諦。

【22.12-14】體證如來的空性，讓關於「如來」的一切戲論止息。

【22.15-16】如來之空性的含意。

　　　　　【22.15】將如來的概念實體化者，即不能見如來。

　　　　　【22.16】如來是「空」的，世間亦是「空」的。

【22.1】

　　如來既不與諸蘊同一，亦不與諸蘊相異；
　　諸蘊不在如來中，如來亦不在諸蘊中；
　　如來不擁有諸蘊而存在。
　　那麼，存在的如來是什麼呢？

　　在此，「如來」經過五重考察——同樣的考察之前已運用於「補
特伽羅」或「眾生」的探討。（參見【10.14】、【16.2】）月稱此
處的註釋大量引用第十章和第十八章的討論內容。

【22.2】

　　如果佛依賴諸蘊，

則佛不以自性存在。
但是不以自性存在者
何以能夠以他性存在？

　　由於五重考察無法發現勝義實有之佛陀，有人或許猜想如來是
以五蘊為基礎，而被命名和形成概念。但是此一說法等於是說佛陀
缺乏自性，因此在勝義上不存在。有鑒於此，即無法宣稱如來依賴
其他具有自性之事物而存在。【22.3】說明理由。

【22.3】

　　依賴他性而有者，
　　可能無有本質；
　　然而，缺乏本質者，
　　將如何成為如來？

　　缺乏自性而且單憑從其他實體挪借自性而存在者，各家注釋
比喻為幻化眾生和鏡中像。我們此處譯為「無有本質」（without
an essence）的專門用語——「anātman」，也有「無我」（without
self）之意，但是月稱說明：在此，此詞代表不具有自性或本質。
根據他對此頌論證的解讀，欲使如來從其他事物（例如諸蘊）獲得
自性，如來必須先存在；欲使如來存在，如來必須具有自己的自性
——本質。既然如來缺乏自性，則不能從其他實體挪借自性。

【22.4】

　　再者，如果無有自性，
　　何以會有他性？
　　除了自性與他性，

存在的如來又是什麼？

據推測，實有法若非具有自性，則必定擁有從其他實有法挪借而來的自性。由於這兩種可能性都站不住腳，我們當然不可能明白怎麼會有真實的如來。然而，此時有新論敵加入論戰，清辨指出此論敵屬於犢子部（Vātsīputrīya，補特伽羅論者的一支）。這位論敵主張如來的存有狀態不可言喻，與諸蘊不一亦不異，雖然如來依賴諸蘊而被命名與形成概念（想必也因此只有世俗上的存在），但是在勝義上依然是實有的。

【22.5】

若不依賴諸蘊，
而有某個如來，
則此如來當有諸蘊作為依賴，
因此，此如來則是依賴者。

若要此假說成立，必須有一條件，亦即此不可言喻的如來先存在，然後再依賴諸蘊想像此如來，因為唯有他獨立於此關係之外而存在，才可能形成依賴諸蘊而被命名與形成概念的關係。

【22.6】

然而，不依賴諸蘊，
絕無任何如來存在。
而且不依賴諸蘊，即為不存在者，
彼如來又如何依賴諸蘊？

絲毫不依賴諸蘊而被命名與形成概念的如來並不存在。此外，

既然這樣的如來不存在，即不可能與諸蘊形成依賴的關係。

【22.7】

> 事物若不先被〔某人〕依賴，
>
> 即無法成為被依賴者。
>
> 如來在缺乏他所依賴之物的情況下，
>
> 也不可能以任何方式存在。

　　根據《無畏論》與佛護的解釋，此處論證以生死輪迴無有起點為基礎。欲使依賴關係存在，必定要有依賴者與被依賴者。在目前的討論中，依賴者是如來，而被依賴者是諸蘊。要維持此依賴關係，先決條件是兩者有先後關係，但是由於輪迴中生死流轉是無始的，所以諸蘊與如來之間不可能有先後關係。過去沒有任何一個剎那，可以讓我們說在此之前唯有諸蘊而無如來，因為如果輪迴是無始的，則無如來之初生。而且，欲使如來依賴諸蘊，諸蘊必須存在於如來之前。

　　此處和以下【22.8-10】三頌譯為「所依賴之物」（what is depended on）的專門用語，其原文為「upādāna」，在之前的章節譯為「取」（appropriation。例如【3.7】、【8.13】、【10.15】等）。無論在此處或其他文脈中，梵語「upādāna」皆指一個人被命名和形成概念時所依賴的諸蘊。作為個人自我意識根據的諸蘊卻被迷而不覺的眾生認同，而此一認同也可稱為「取」。如來是已覺悟的眾生，應該不會認同他賴以命名和形成概念的諸蘊，所以，將如來相關的諸蘊稱為「取」或許不適當。因此，我們在此章選用比較中性的譯詞──「所依賴之物」。

【22.8】

　　既然經過〔此章第一頌所提及的〕五重考察，

　　發現如來〔與諸蘊〕既非同一亦非相異，

　　此如來如何藉由他所依賴之物，

　　而被概念化成為如來？

　　　仔細思考如來與實有諸蘊可能形成的五種關係，結果根本找不到實有的如來，也沒有其他任何方式可以發現此一眾生。因此，談論實有的如來毫無意義。

【22.9】

　　再者，他所依賴之物，

　　不以自性存在。

　　不以自性存在者，

　　如何能以他性存在？

　　　根據月稱的解釋，「他所依賴之物」即是五蘊，亦即被說是如來依賴的事物。此五蘊不以自性存在，因為它們依因待緣而生，缺乏自性。據稱從這一點可推斷五蘊亦不以他性存在，其論證與【22.2-3】相同。

【22.10】

　　因此，被依賴之物和依賴者

　　全然是「空」的。

　　如何憑藉「空」的事物，

　　而讓「空」的如來概念化？

244

　　如來和他可能依賴而被概念化的事物（諸蘊）皆是「空」的，亦即缺乏實有法所需的自性。因此，如來依賴諸蘊而被命名和形成概念的主張，結果證明毫無意義。

【22.11】

　　既不應說「它是『空』的」，

　　亦不應說「它是『不空』的」，

　　不應說兩者皆是或兩者皆非。

　　只是為了教導而說〔「空」〕。

　　當中觀論者說諸法皆空時，不應該認為他們在陳述關於真實勝義自性的勝義諦，其實那只是一種有用的教學方法，用以教導相信有真實勝義自性之勝義諦的人。因此，此處的聲明事實上和龍樹將在【24.18】所提出的主張相同，亦即空性本身亦是「空」的。

　　龍樹在此處和其他章節一樣，運用所謂「四句否定」的手法來解釋他的論點。他逐一仔細思考關於空性的四種可能觀點，之後卻全部予以駁斥。但是清辨提醒我們，月稱也在【18.6】的注釋中指出，針對世間是否恆常之類的問題，當四種相關的可能性皆遭到佛陀駁斥時（例如M I.484-85[1]、M I. 431 [2]），那是因為每種可能性在特定情況下，雖然可能有助於達成特定目的，但是這些可能都有一共通的不實假定（參見M I. 486-87[3]）。月稱暗示此頌是「次第教誡」又一例，四種可能性各自代表某些哲學家持有的見解。（參見【18.8】）有趣的是，他認為「空」與「不空」的事物皆存在的見解與經量部有密切關係（因為此派論者認為只有現前事物是勝義實有），而諸法既非空亦非不空之見和瑜伽行派有關（因為他們認為真實不可言喻——參照《辯中邊論》〔Madhyantavibhāga〕1.3，月稱引用此論曰：「故說一切法，非空非不空」〔LVP，頁445〕）。

清辨考量以下反駁的意見：「當中觀論者聲稱，關於真實勝義自性的四種可能主張我們皆不應支持時，有前後矛盾過失，因為看來他們是說四種可能的主張皆無法描述真實的勝義自性，而這種說法似乎正是關於真實勝義自性的主張。」針對此一反駁意見，清辨回應如下：「此處並無過失，正如想要安靜無聲之人說出『安靜！』這句話的情形一樣。」(4) 清辨的回應可能有以下兩種不同的詮釋。

一、關於諸法在勝義上的樣態，雖然並無任何陳述可以表達其自性（因為一切概念化皆歪曲真實），然而有些陳述（嚴格說來，是否定的）更為精確地反映真實，亦即駁斥各種妄生穿鑿的陳述。

二、判斷陳述真偽的基礎，不是表達真實勝義自性的精確度（並無所謂的真實勝義自性），而是它們對於講者想要達到的目標能產生多少預期的效果。中觀論者的目標是終止我們戲論的傾向——傾向於臆測我們的陳述所打算描繪的勝義真實必定存在。要達到此目標，最好的方法是提出陳述，但是不同的陳述會在不同的情況發揮效果。

【22.12】

「它是常」、「它是無常」等四句，

何以能適用於〔如來〕，彼無自性者？

再者，「它有止盡」、「它無止盡」等四句，

何以能適用於〔如來〕，彼無自性者？

既然如來在勝義上空無自性，關於「恆常」和「有止盡」的四句之中，四種可能性皆不適用。（參見以下【25.17–18】的討論）例如，唯有像如來之類的勝義現存實體存在，才可以說如來是恆常，但是說如來是「空」的，等於是說沒有勝義實有之如來。

【22.13】

但是執著「如來存在」等眾多見解之人，

正當如此概念分別時，

也會在〔如來〕滅度時，

想像〔如來〕不存在。

生生世世運用各種有用的概念分別之人，對於如來，也會想要應用這些概念分別。但是如來既已證得最終階段的涅槃，便不是概念分別適用的對象。只是由於運用概念分別的積習難改，有人還是可能想知道如來達到究竟涅槃後，是否繼續存在、不存在、既存在且不存在，或是既非存在亦非不存在？

【22.14】

〔如來〕既然是自性空者，

於滅度後，

佛陀是存在或不存在，

此想法不能成立。

因為佛於究竟涅槃入滅，所以根本沒有我們可能據以推斷其死後狀態的實體。

【22.15】

佛陀超越戲論且堅定不移，

而戲論佛陀者

皆為戲論所欺，

無法見如來。

根據月稱的解釋，此處說佛陀堅定不移，是由於佛本性是「空」的，因此不生，既然如此，佛不是可變異之法。「變異」這個問題的產生，只可能針對在勝義上現存之佛（當此問題被視為涉及勝義實有法之時）。

【22.16】

> 如來之自性，
> 即此世間之自性；
> 如來既無自性，
> 此世間亦無自性。

　　所謂「此世間」，意指生死輪迴的世界（也可以意指居於此間的眾生）。根據佛護的解釋，如來與此世間皆依賴其他事物而被概念化，因此兩者皆無自性，同樣是「空」的。

　　對許多佛教徒而言，「如來」一詞不只是一個歷史人物的名號，也代表想像中涅槃的無上真實性。以此觀之，【22.16】陳述如來等同於世間，即是【25.19】的主張，該頌明言涅槃與輪迴無二無別。

　　佛護對《中論》的注釋《佛護注》（*Buddhapālitavṛtti*）似乎止於此頌，有些文本中《佛護注》第二十三至二十七章的注釋看來應該是《無畏論》同章注釋的複述或釋義。

[1] 《婆蹉衢多火喻經》（*Aggivacchagotta-suttanta*, M I.484-85）：「婆蹉姓普行者對世尊言：『卿瞿曇！究竟如何：「世界是常住也，唯此是真實也，其餘是虛偽也。」卿瞿曇有如是見否？』〔世尊曰：〕『婆蹉！予實無「世界是常住也，唯此是真實也，其他是虛偽也」之見。』〔婆蹉曰：〕『卿瞿曇！又，究竟如何：「世界是非常住也，唯此是真實也，其餘是虛偽也。」卿瞿曇有如是見否？』〔世尊曰：〕『婆蹉！予實無「世界是非常住也，唯此是真實也，其他是虛偽」之見。』〔婆蹉曰：〕『卿瞿曇！又，究竟如何：「世界是有邊也，唯此是真實也，其他是虛偽也。」卿瞿曇有如是見否？』〔世尊曰：〕『婆蹉！予實無「世界是有邊也，唯此是真實也，其他是虛偽」之見。』〔婆蹉曰：〕『卿瞿曇！又，究竟如何：「世界是無邊也，唯此是真實也，其他是虛偽也。」卿瞿曇有如是見否？』〔世尊曰：〕『婆蹉！予實無「世界是無邊也，唯此是真實也，其他是虛偽也」之見也。』……〔世尊曰：〕『婆蹉！「世界是常住也。」……乃至……婆蹉！「世界是有邊也。」……婆蹉！「世界是無邊也。」……此乃見之謬誤、見之稠林、見之險道、見之歪曲、見之動轉、見之結縛也。』」（《漢譯南傳大藏經》，中部經典二，頁 264-267）

[2] 《摩羅迦小經》（*Cūḷamāluṅkya-suttanta*, M I. 431）：「摩羅迦子！由予不記說者為何耶？由予不記說『世界為常住也』；由予不記說『世界為無常也』；由予不記說『世界為有邊也』；由予不記說『世界為無邊也』。……由予不記說『如來死後為有』；由予不記說『如來死後為無』；由予不記說『如來死後亦有亦無』；由予不記說『如來死後為非有非無』。……由何故予對此不記說之耶？……實此非義利相應，此非梵行根本，不導致厭、離欲、滅盡、寂靜、通智、正覺、涅槃也。」（同上，中部經典二，頁 194）

[3] 《婆蹉衢多火喻經》（M I.486-87）：「世尊曰：『婆蹉！對此，汝如何思耶？若汝之前，燃火時，汝可知：「予之前，此火燃燒」否？』〔婆蹉曰：〕『卿瞿曇！若予之前，已燃火時，予可知：「予之前，此火燃燒。」』〔世尊曰：〕『婆蹉！又，若如是問：「汝之前，此火燃燒，此火緣何而燃耶？」婆蹉！如是詢問，然，汝如何回答耶？』〔婆蹉曰：〕『卿瞿曇！若如是問我：「汝之前，此火燃燒，此火緣何而燃耶？」如是詢問，卿瞿曇！我當如是答：「予之前，此火燃燒，此火緣於草、薪、燃料而燃也。」』〔世尊曰：〕『婆蹉！若汝之前，彼火消滅，汝可知：「予之前，此火已熄滅」否？』〔婆蹉曰：〕『卿瞿曇！若予之前，彼火熄滅，我當知：「予之前，此火已熄滅也。」』〔世尊曰：〕『婆蹉！若如是問：「汝之前，此火已熄滅，彼火是由此處至何方耶？或東方，或西方，或北方，或南方耶？」婆蹉！如是詢問，然，汝如何回答耶？』〔婆蹉曰：〕『卿瞿曇！不適合也；卿瞿曇！實彼火緣於草、薪、燃料而燃，因其〔燃料〕之滅盡，又，其他之〔燃料〕不持來；彼可謂「無〔火之〕食〔燃料〕而熄滅」之名稱也。』〔世尊曰：〕『實如是，婆蹉！凡以色施設如來使知者，其色為如來所捨，斷其根本，如截多羅樹頭，成為非有，未來為不生法。』」（同上，中部經典二，頁 269-270）

(4) 龍樹在《迴諍論》仔細思考一項反駁，其中中觀論者被比擬為希望鴉雀無聲而說「不要出聲」之人。關於龍樹的回應，參見《迴諍論》第二十八頌（他在此頌引用【24.10】）。

觀察「顛倒」

　　煩惱會生起，是因為對於自我認同、恆常以及快樂的可能性等事物的無知（無明），這是佛法的根本教義之一。佛教主張我們之所以會受苦，其原因是我們以概念建構一個僅僅存在於自己想像中的世界；從如此的想像中發展出種種思惟和行動的習性，這些習性通稱為「煩惱」，而這些煩惱進而使得所謂的「輪迴」或生死流轉運行不息。這一切皆被視為意指顛倒（虛妄的構想）和依之而起的諸煩惱等事物必定是勝義實有。的確，或許有人會想：如果沒有關於諸法實相的勝義諦，就不可能有顛倒法。然而，此章卻有不同的主張，龍樹在此極力破斥顛倒與煩惱是勝義實有的，也因此瓦解致使阿毘達磨師產生勝義實有法概念的真偽之見。本章的論證概述如下：

【23.1】描述實有的煩惱依賴顛倒等而生起的正統見解。
【23.2】回應：諸煩惱非實有，因為它們各自依賴不同的起因。
【23.3-5】諸煩惱非實有，因為它們缺乏所依。
【23.6】諸煩惱非實有，因為它們各自不同的起因並非實有。

【23.7】反駁：諸煩惱是實有的，因為它們依賴六種實有的對象而
　　　　生起。

【23.8-9】回應：那六種對象本身只不過是想像建構的產物，因此
　　　　在勝義上諸煩惱不可能依賴以想像建構為基礎的對象。

【23.10-12】破斥貪、瞋的起因，以此為基礎而破斥貪與瞋。

【23.13-22】破斥痴的起因——顛倒，以此為基礎而破斥痴。

　　　　【23.13-14】基於空性而破斥顛倒。

　　　　【23.15-20】破斥顛倒之所依。

　　　　【23.21-22】破斥四種顛倒。

【23.23-25】透過體證空性，可捨斷諸煩惱。

【23.1】

　　據稱從虛妄分別，

　　生起貪、瞋與痴，

　　依賴淨、不淨與顛倒

　　彼等（貪、瞋與痴）以之為緣而生。

　　【23.1】描述的見解是關於苦的根源，這是大多數佛教徒共同
持有的觀點。（此頌究竟是龍樹之見，或是記述某一論敵的見解？
關於這點，各家注釋意見分歧，不過，對於此章的論證而言，這
無關緊要。）貪、瞋、痴是三主要煩惱（參見【14.2】），據稱它
們是源於三種認知錯誤而生起：貪依賴有關本質為善或愉悅（梵
śubha，淨）之事的虛妄分別而生起，瞋依賴有關本質為不善或不愉
悅（不淨）之事的虛妄分別而生起，而痴依於虛妄的構想或概念（顛

倒）而生起。（我們在此章一律使用「淨」、「不淨」、「顛倒」
以代表這三種錯誤。）

【23.2】

> 依於淨、不淨與顛倒，
> 那些事物才得以生起，
> 它們不以自性存在，
> 因此，諸煩惱皆非勝義實有。

因為三種煩惱依於三種虛妄的想像而生起，而自性不以他者為
緣，亦即不依賴他者，由此可推斷彼諸煩惱無自性，也因此並非勝
義實有。

【23.3】

> 自我的存在與不存在
> 無論如何皆不能成立，
> 既然不能成立，
> 諸煩惱的存在或不存在又如何成立？

在勝義的觀察之下，自我不可得。或許有人會認為這等於成立
或證明自我的不存在。但是月稱顯然認為「成立自我的不存在」，
意即證明正是眾多勝義實有的無常諸蘊，例如諸識，共同起種種作
用，而我們錯把這些作用歸屬於一個單一恆常的自我。而且這些事
物也同樣被證明非勝義實有，因此，「有我」或「無我」都不能說
是勝義諦。（參照【18.6】）這對於煩惱存在與否的影響是【23.4】
探討的內容。

【23.4】

　　因此，此諸煩惱屬於某事物，
　　但是這樣的事物根本不能成立。
　　既然沒有某事物〔可作為它們的所依〕，
　　諸煩惱即不屬於任何事物。

　　煩惱必有所依，正如窯燒磚塊產生的顏色以磚塊為所依。然而，諸煩惱的所依不可能是自我，因為前已證實根本沒有此一事物。煩惱的所依也不可能是任何一種身心元素，例如識蘊，因為諸蘊也同樣證實非勝義實有。所以，諸煩惱缺乏所依，也因此不可能是勝義實有。

【23.5】

　　如同「『我』是自己的〔五蘊〕身」的理論，
　　諸煩惱不以五種方式其中任何之一而與煩惱者產生關係；
　　如同「『我』是自己的〔五蘊〕身」的理論，
　　煩惱者不以五種方式其中任何之一而與諸煩惱產生關係。

　　根據月稱的解釋，通常意指「身」的語詞「kāya」，此處代表整體而言的五蘊。（關於此用法，參見 AKB 5.7 的注釋，Pradhan，頁 281。）[1] 因此，所謂「自身見（梵 svakāya）」，即是「『我』正是一個人自己身心諸元素的聚集」的見解。因此，「五種方式」意指主體（亦即「我」、「我所」之意識的源頭）與五蘊之間可能產生關係的五種不同方式（參見【18.1】、【22.1–8】）。所謂「煩惱者」，即是諸煩惱的所依，也就是具有此諸煩惱的主體。於是，【23.5ab】主張諸煩惱不可得，因為它們不可能與其主體同一或相異，此主體不可能在諸煩惱中，諸煩惱也不可能在此主體中，此主

體也不是這些煩惱的擁有者。【23.5cd】則接著主張：煩惱者也同樣不會存在於它與諸煩惱可能建立的五種關係之中。

【23.6】

> 淨、不淨與顛倒
> 皆不以自性而存在，
> 那麼，依賴什麼樣的淨、不淨、顛倒，
> 諸煩惱得以存在？

還記得【23.1】中提及貪、瞋與痴等諸煩惱各自依賴有關淨、不淨、顛倒的虛妄分別而生起嗎？【23.6】的論證則開宗明義地說諸煩惱非勝義實有，因為它們所依賴的因素——淨、不淨與顛倒，本身並非勝義實有。

【23.7】

> 〔論敵：〕
> 色、聲、香、味與觸，
> 以及法等六種，
> 彼等即被建構為
> 貪、瞋與痴的實有對象。

此頌為論敵對【23.6cd】問題的回答。我們對於這個世界的經驗，最根本的是色、聲、香、味、觸與法的經驗。我們正是基於這六種感官形式中的經驗，而建構種種對象，亦即具有色、聲、香等的事物。我們也將這些對象視為愉悅或不愉悅的，而且對它們產生種種顛倒妄想。我們將某個對象視為愉悅（淨）的，而導致貪的生起；視某事物為不愉悅（不淨）的，而導致瞋；對某事物的顛倒妄想，

例如設想某事物常住不滅，則是痴的起因。因此，此三種煩惱起於我們對色、聲與香等的經驗。論敵言下之意是淨、不淨與顛倒終究必然存在。

【23.8】

〔回應：〕

色、聲、香與味，

以及觸與法等，

它們只是類似乾闥婆城，

亦如海市蜃樓、如夢境。

關於乾闥婆城，參見【7.34】。說六種感官對象「只是」色、聲與香等，等於是說它們空無自性或缺乏自性。所以，它們只是表面上看來是勝義實有的事物，如同乾闥婆城等只是看似真實的幻相。

【23.9】

既然它們〔色等〕如同幻化人的影像，

也等於〔只是〕鏡中像，

〔決定〕它們是淨或不淨

究竟是如何產生的呢？

如果建構的材料，亦即感官經驗的原始資料，本身不是勝義實有，那麼被視為淨或不淨的對象不可能被建構。

【23.10】

如果不依賴淨，

則不淨不存在，

因為不淨是我們構想淨時，所依賴的事物。
因此，淨本身不可能存在。

　　月稱說，淨與不淨猶如河流的兩岸，亦如長與短等相對概念，其中之一唯有透過與對方的關係才能存在。

【23.11】
如果不依賴不淨，
則淨不存在，
因為淨是我們構想不淨時，所依賴的事物。
因此，不淨本身不可能存在。

【23.12】
既然淨非實有，
貪如何存在？
既然不淨非實有，
瞋如何存在？

　　我們判定事物的好壞，只是憑藉兩相對比的關係，因此，沒有任何事物在自性上是好或壞，淨或不淨。由此可以推斷關於淨、不淨的虛妄分別缺乏勝義實有的對象；嚴格地說來，這些牢不可破的信念皆無所依據。但是貪據稱是關於淨的虛妄分別所產生的結果，而瞋據稱是關於不淨的虛妄分別所產生的結果，所以欲使貪、瞋為勝義實有，這兩種虛妄分別本身必定是勝義實有。鑒於上述淨與不淨的本性，貪與瞋在勝義上皆不可能生起。

【23.13】
如果於無常的事物說為恆常

這樣的想法是顛倒，

那麼，於「空」中沒有任何事物是無常，

如何可能會有顛倒？

「顛倒」意指種種根本思考方式，這些思考模式導致徹底的妄想或愚痴，讓我們不斷地生死輪迴。諸顛倒中，最重要的是，將事實上無常的事物視為恆常的傾向。欲使「以無常為常的信念是一種顛倒」的說法成為勝義諦，必須要有無常的勝義實有法，因為唯有這種不符合事物真實本性的想像方式（「諸法是常」在勝義上是虛偽不實的），「以無常為常是顛倒」才有可能是勝義諦。然而，如果一切事物確實是空無自性或缺乏自性，則根本不可能有任何無常的勝義實有法。因此，認為事物是恆常的傾向就不會不符合勝義實有法的自性，所以在勝義上這不可能是顛倒。

【23.14】

如果於無常的事物說為恆常

這樣的想法是顛倒，

既然諸法是「空」的，

那麼，設想諸法為無常豈不也是顛倒？

認為諸法是恆常的傾向被視為一種顛倒，因為公認諸法無常是勝義諦。但是由於諸法皆空，「一切事物皆無常」的信念也同樣不符合事物的本性，所以此信念也應該算是一種顛倒。然而，除非有一法可算是對於諸法實相的正確敘述，否則無一法可被視為顛倒。而且，在此除了諸法是恆常或無常的之外，別無第三種可能性，所以在勝義上根本不可能有顛倒。

【23.15】

> 構想所憑藉之物與構想，
>
> 構想者與被構想者，
>
> 這些事物皆已止息，
>
> 因此，構想不存在。

　　構想的工具、構想的行動、動作者和此動作的結果皆是「空」或無自性。亦即這些都被揭露為純粹概念而已，並無實有的指涉對象。一旦我們將工具、行動等視為勝義實有的傾向止息，終將照見在勝義上同樣並無任何構想存在。

【23.16】

> 再者，既然無論正確或錯誤的任何構想
>
> 皆不存在，
>
> 誰可能有虛妄的構想？
>
> 誰可能有不虛妄的構想？

　　因為構想非勝義實有，所以無論是錯誤的構想（顛倒）或正確的構想（不顛倒）皆非勝義實有。此外，一般相信錯誤和無誤的想法都需要有思考者，而我們非但找不到諸煩惱的主體（參見【23.3-4】），現在關於真實信念與虛妄信念的主體也有問題，例如，一個虛妄不實信念的主體是已落入成為顛倒者，尚未落入成為顛倒者，還是現在正落入顛倒者？這是以下【23.17-18】的主題。

【23.17】

> 就已經成為顛倒者而言，
>
> 不可能有顛倒；

就尚未成為顛倒者而言，

也不可能有顛倒；

【23.18】

就正在成為顛倒者而言，

不可能有顛倒；

你自己應仔細思考：

對誰而言有顛倒？

　　《無畏論》指出，此處論證相當於第二章關於「已去、未去和現在去」的分析。對於已落入無常顛倒者而言，關於無常的顛倒不可能生起，理由很簡單，因為此顛倒已經存在。對於無常無有顛倒者而言，他不可能是發生這種錯誤的主體，否則已覺悟而正觀諸法者也會有顛倒。至於第三種可能性，月稱指出，等於是要我們想像一半是錯誤而另一半是正確的人。姑且不論唯有由部分組成的個體才可能有此情況（而且如此一來，此主體就不是勝義實有），眼前的難題是無論哪一部分都不可能是顛倒或錯誤，理由如前述。

【23.19】

如果諸顛倒不生起

如何會有諸顛倒？

既然諸顛倒不生起，

如何會有具顛倒之人？

【23.20】

實體不從自生，

亦不從他生，

不從自他共生。

因此，如何會有具顛倒之人？

葉少勇的版本依循青目、清辨和《無畏論》，刪略【23.20】（Y，頁 400），但是佛護和月稱皆證實《中論》原有此頌，所以我們效法普桑和狄雍（de Jong），視之為《中論》本頌。此處針對顛倒為勝義實有的假說提出另一個難題。已顛倒者想必並非時時因為當前所犯的錯誤而受苦，這代表這個錯誤必定已經產生，那麼，第一章的結論即可適用於此：實有法不可能說是自生、他生等等，因此，被認為已顛倒之人根本不可能生起顛倒或錯誤，否則是很荒謬的。

【23.21】

> 如果我、淨、常、樂
> 四者皆存在，
> 則〔相信有〕我、淨、常、樂，
> 即是非顛倒。

【23.22】

> 如果我、淨、常、樂
> 四者皆不存在，
> 則無我、不淨、無常、苦
> 亦不存在。

例如，相信「有我」的信念是一種顛倒，此信念之所以錯誤是因為「有我」並非事實。若是「有我」，則此信念無誤。但是，此信念的顛倒肇因於「諸法皆空」的事實，因此，不能據此推論因為「無我」是勝義諦，導致「有我」之見是顛倒，因為如果一切事物皆是「空」的，則「無我」不可能是勝義諦。如果一切事物皆是「空」的，則沒有任何關於真實的陳述是勝義諦。

【23.23】

　　因此，由於諸顛倒止息，

　　無明得以止息；

　　無明既已止息，

　　則〔造成生死輪迴的〕諸行等亦會止息。

　　這是佛教對於「苦」的止息的標準敘述。十二因緣起於無明，因為據稱諸煩惱正是由於無明而生起，我們一旦消除關於淨、不淨、顛倒的虛妄分別，導致「老」、「死」、「再生」與「苦」的因果相續將會終止。以上中觀論者必然無異議。龍樹在此章發展出一套推理方法，用以支持諸顛倒與煩惱非勝義實有的主張，想必這是為了幫助我們脫離無明，從而達到解脫。然而，此時論敵即將反駁，認為這代表諸煩惱與造成煩惱的顛倒必定存在，中觀派必須同意煩惱與顛倒可能也應該被終止，否則為何要努力瓦解他們認為是錯誤的見解呢？問題是他們怎麼可能堅持這一點——如果他們也持有「諸法（包括諸顛倒與煩惱）皆空」的見解？以下【23.24-25】試圖回答這個問題。

【23.24】

　　如果有人具有

　　自性實有之煩惱，

　　此諸煩惱如何捨斷？

　　誰能捨斷自性？

【23.25】

　　如果有人具有

　　自性非實有之煩惱，

　　此諸煩惱如何捨斷？

誰能捨斷不存在之物呢？

　　一般認為人藉由根除、斷盡諸煩惱而解脫輪迴。此處主張這不可能是勝義諦，因為諸煩惱若非在自性上是實有（亦即具有其自性），就是在自性上非實有（亦即無法具有自性而不是實有）。但是自性不可能被斷除，月稱以虛空為例，虛空無礙的自性永不壞失。然而，自性非實有者也同樣不可能斷除，例如冷火，因為冰冷的火不存在，所以，不可能藉由移除這種火中冰冷的特質而消除此火。因此，斷除諸煩惱不可能是勝義諦。

　　不過，請注意這不表示無法捨斷諸煩惱。中觀派或許區分「在勝義上捨斷諸煩惱」和「捨斷諸煩惱」這兩種說法的差別：前者需要有勝義實有的煩惱，而後者不需要這項條件。易言之，中觀派或許主張「斷盡諸煩惱」的陳述雖然在勝義上不可能是真實的（或在勝義上也不可能是虛妄不實的），但卻是世俗諦，堅持這項陳述有時有助於造成「苦」的止息。

---

[1] 參見《阿毘達磨俱舍論・分別隨眠品》：「論曰：執我及我所，是薩迦耶見。壞故名薩，聚謂迦耶，即是無常和合蘊義。迦耶即薩，名薩迦耶。此薩迦耶，即五取蘊。」（《大正藏》，冊 29，頁 100a）

觀察「四諦」

　　本章的主題是世稱「四聖諦」的佛法。【24.1-6】是論敵的反駁：如果如龍樹所言一切確實是「空」的，則四聖諦之教，以及一切推演自四聖諦的教法，皆岌岌可危。龍樹的回應首先聲明論敵誤解空性論的主旨，接著試圖扭轉局勢，指出真正危害佛法的是論敵否定空性，或主張具有自性的事物存在。本章的論證概述如下：

【24.1-6】反駁：空性與四聖諦、三寶等佛法核心相違，也和一般行為模式不相容。

【24.7】回應：論敵誤解空性。

【24.8-10】論敵不了解二諦的差別。

【24.11-12】佛陀唯恐空性遭誤解而不願教導此說。

【24.13-15】主張：論敵指陳的過失，其實在於他自己的論證中。

【24.16-17】理由：如果事物以自性存在，則不依賴因緣而生。

【24.18-19】主張諸法依賴因緣而生，即是主張諸法空無自性。

【24.20-25】如果諸法不空，則四聖諦無法成立。

【24.26-27c】如果諸法不空，則不可能有構成涅槃道（the path to

nirvāṇa）的四行。

【24.27d-30】如果諸法不空，則佛、法、僧三寶不可能存在。

【24.31-32】如果諸法不空，則成佛、證悟、依教奉行與菩薩道等
　　　　　　諸法，在本質上皆無關連。

【24.33-35】如果諸法不空，則無善、惡業行，亦無相應於此諸業
　　　　　　行的果報。

【24.36-37】否定空性即是否定世俗的行為。

【24.38】如果諸法不空，則世間全然靜止不變。

【24.39】如果諸法不空，則以證得涅槃為目標的行為將毫無意義。

【24.40】結論：見緣起者即見四諦。

【24.1】

〔反駁：〕
如果這一切皆是「空」的，
則既無生亦無滅。
對你而言，
即可推斷四聖諦不存在。

　　如果一切皆空，則無一法是勝義實有。如此一來，「苦」有生
滅等法不可能是勝義諦。然而，第二聖諦說「苦」依因待緣而生，
而第三聖諦則聲稱此諸因緣止息之時，「苦」即息滅。因此，若一
切事物皆是「空」的，上述諸聖諦所述不可能是勝義諦。

【24.2】

> 了知（苦）與斷除（集），
> 修習（道）與親證（滅），
> 由於四聖諦不存在，
> 此等皆不可能成立。

【24.2】提及的「四行」（four activities）是佛道或滅苦程序的基本構成要素。所謂「了知」，意指清楚了解苦（第一聖諦）；「斷除」意指終止種種執著，執著是苦的主因（第二聖諦是「苦有起因」）；「修習」是指修習滅苦之道（第三聖諦是「有苦之滅」；而「親證」代表涅槃或滅苦之道的完成或圓滿（第四聖諦是「有滅苦之道」）。論敵在此聲稱，四聖諦精確評定真實的根本自性，唯有在此條件下，此四行才可能有成果，亦即知苦、斷集、修道、證滅。因此，空性論必然使佛法失效。

【24.3】

> 再者，由於彼等不存在，
> 〔預流、一來、不還與阿羅漢〕四聖果亦不存在。
> 若四果不存在，則無努力趨向四果者，
> 亦無證得四果者。

如果佛道不通往「苦」的止息，那麼，從未有任何人以預流等果位為目標而努力修行（四向），也沒有任何人曾經達到四果位（四果）。此四向與四果，代表趨近究竟止息或不再受生的不同階段。

【24.4】

> 若四雙八輩不存在，

則僧伽亦不存在。

此外，由於諸聖諦不存在，

正法亦不存在。

「四雙八輩」即是【24.3】提及的四向、四果；「僧伽」是由這八種修行人組成的共同團體；「正法」即指佛陀的教法。

【24.5】

既然佛法與僧伽不存在，

佛陀如何會存在？

如此一來，在你宣說空性時，

你全然否定三寶。

【24.6】

在你宣說空性時，

你否定真實存有的業果，

善業與惡業，

以及一切世俗的行為模式。

佛陀的存在，有賴於正法與僧伽的存在。所謂「佛陀」，即是發現正法（苦之起因與離苦之道），而後教導他人此法，並且因此建立僧伽之人。所以，若如【24.1-4】所言，一切皆空則正法與僧伽不存在，那麼諸法皆空的情況下，佛陀也同樣不可能存在。

善業與惡業分別導致樂果與苦果，世俗行為模式包括烹飪、飲食、來與去等一般世間的活動。論敵宣稱，如果認為諸法皆空，則一切都會遭到否定，因為既然一切皆空，則無一法可能存在，所以不可能有善業與惡業等諸法。

【24.7】

〔回應：〕

就這一點而言，

我們說你不了解空性〔教理〕的目的、

空性以及空性的意義，

因此遭受如此的煩擾。

根據月稱的注釋，論敵的反駁是基於他自己對空性論妄加的斷滅論解讀，換句話說，他認為諸法無自性之說，等於主張沒有任何一法存在。月稱也指出，教授空性的目的——息滅戲論，已於【18.5】陳述。

【24.8】

佛陀所教導的正法

是以二諦為基礎：

即是世俗諦

與勝義諦。

我們譯為「世俗」（conventional）的專門用語，是由梵語的「loka」和「saṃvṛti」組合而成的複合詞。針對「saṃvṛti」，月稱提出三種不同的語源說明：

一、其根本詞意是「隱蔽」（concealing），因此世俗諦是隱蔽真實狀態，讓一般世人（loka）不見真相的一切思惟和言說方式。

二、這個詞意指「彼此依賴」（mutual dependency）。

三、這個詞意指世間的習俗或慣例，也就是支配一般世人（梵loka）日常行為的風俗習慣。他補充說，此「saṃvṛti」具有用語和指涉對象、認知和認知對象等（兩者之間關係）的特性。因此，根

據這樣的解讀，世俗諦意指一般世人用於日常行為的一套信念，而且因為依賴語意和認知關係的慣例，所以是「約定俗成的」（梵saṃvṛti）。有一點或許值得注意：當印度的注釋者針對一個用語提出多重解釋時，他們通常將贊同的解釋列於最後。

根據《無畏論》的解釋，勝義諦是諸聖者（梵ārya）圓滿無誤的體證，亦即無任何一法生起。這可能有兩種解讀：

一、根據中觀派，勝義真實中無一物生起。（而且因為佛教徒大多同意無恆常實體的存在，所以這意味勝義真實中沒有任何實體。）於是，體證空性即是洞見「真實」的真性，亦即「真實」中完全沒有現存的實體。

二、根據中觀派，勝義諦正是「根本沒有勝義真實相之類的事物」，或是換個略帶詭論的說法，勝義諦是「根本沒有勝義諦」。根據這樣的解讀，諸聖者的體證如下：獨立於我們（有用的）語意和認知慣例之外的諸法真實相，但這個想法本身在理路上前後矛盾。

【24.9】

> 不能了知
> 此等二諦的差別之人，
> 即是不依佛陀的甚深教法
> 來理解真實。

在月稱的注釋中，此時論敵對中觀論者提出一個有趣的問題：「假設勝義諦確實沒有關於自性的戲論，那麼，有關諸蘊、處、界、聖諦、緣起，以及其餘所有佛法都不是勝義真實，這些教法的意義何在？非真實者理應被破斥，所以為什麼要教授應被破斥之法呢？」（LVP，頁494）

月稱回應，關於佛陀的教法，論敵所言不虛，它們的確不是勝義真實法。但是針對論敵的問題，【24.10】是他的回答。

【24.10】

> 如果不依賴世俗慣用的言說與思考方式，
> 則無法教授勝義諦。
> 若不習得勝義諦，
> 則不能證得涅槃。

【24.10】中所謂「世俗慣用的言說與思考方式」（梵vyavahāra），意指一般世人的日常慣例，也就是我們心目中的「常識」（commom sense），包括讓人們在世間通行無阻的方式，因為這些方式通常成功地達成人們的目標，所以其效用已被證實。此世俗言說與思考方式是我們常識信念的基礎，可以等同於世俗諦。因此，【24.10ab】斷言若不依賴世俗諦，則無從教授勝義諦。月稱將世俗諦比擬為水杯，口渴的人必須用此杯才能解渴。

因此，對於前述反駁，【24.10】的回應是如果不先掌握世俗諦，則無法證得勝義諦，此世俗諦意指人是基於緣起關係中的諸蘊等建構而成的虛構物。諸蘊等本身是概念上的建構，但是結果發現它們有助於勝義諦的體證，而且若無此體證，無法達到涅槃。簡而言之，阿毘達磨師視為勝義諦者，依中觀派的解讀，卻僅是世俗諦。

【24.11】

> 空性如果被誤解，
> 則能摧毀鈍根者，
> 如同毒蛇不當地被抓取，
> 或咒術被錯誤地施用。

新手弄蛇人和魔法師的學徒皆足以證實：缺乏必備知識者手中的毒蛇或持用的咒語，皆是危險的工具。（參見《蛇喻經》〔 *Alagaddūpama-sutta* 〕M I.130，佛陀在此經說，誤解佛法猶如以錯誤手法抓蛇者的遭遇。[1]）這個道理也適用於空性。月稱探討「鈍根者」或愚鈍者可能誤入歧途的兩種形式：（一）將空性視為一切有為法不存在；（二）推測空性是具有真實所依的實有法。這兩種錯誤皆源於不明二諦之間的差別，也都可能斷送一個人解脫的契機。

【24.12】

> 因此，大聖於此法，
> 即有不欲宣說之心，
> 因為念及鈍根者
> 難以洞察此法。

據說佛陀證悟之後，在著手佛之志業，開始向世人傳授他所發現之法，讓眾人也能滅苦之前，曾一度猶豫，因為他發現此法錯綜複雜，深妙難解。據說最後是天人勸請，才說服佛陀轉動法輪，開始教化。

【24.13】

> 再者，你對於空性
> 所提出的反駁，
> 不可能是我們造成的過失，
> 或空性造成的過失。

所謂「反駁」，意指【24.1-6】中陳述的內容。論敵顯然屬於鈍根者，因為如前所述他無法領悟空性、空性的意義，以及空性的

目的。因此，他的反駁遠非事實。

【24.14】

> 當空性可能成立時，
> 則一切皆可能成立；
> 當空性不可能成立時，
> 則一切皆不可能成立。

此處所謂「一切」，代表佛教的核心教理，亦即論敵宣稱中觀空性論所危及的佛法。根據月稱的注釋，例如，當「諸法皆無自性」被認可時，則緣起有可能成立；緣起成立又使得佛陀對於苦之生滅的敘述可能為真。相反地，否定諸法皆是「空」的，等於主張有不依緣而生的事物存在，這便破壞了佛法核心教義的基礎。

【24.15】

> 過失本來為你所有，
> 而你卻將它推到我們身上，
> 就如你騎在馬上，
> 而忘記當下的坐騎一般。

致使佛法遭受質疑的是論敵的觀點，而不是中觀論者的觀點。月稱解釋，論敵猶如指責他人偷馬，卻忘記自己正騎乘在那匹被偷的馬上。

【24.16】

> 如果你將現存事物
> 視為是自性實有的，

既然如此，在你心目中的現存事物，

即是無因亦無緣的。

【24.17】

你也因此否定因果，

以及動作者、工具與行動，

還有生滅與果報，

你因此否定了這一切。

如果事物有自性，就不可能依賴因緣而生起。這又進而表示構成因果關係的各個要素，例如因、果等，皆不可能存在。關於用以顯示有自性之事物不可能經歷緣起的論證，詳見第十二、十五、二十章。

【24.18】

我們主張緣起

其本身即是空性。

它〔空性〕是一個假託的概念，

那正是中道。

這是《中論》最著名的一頌，但是理解此頌時，有一點需要注意。根據月稱的注釋，當新芽或識等事物依賴諸因緣而生起時（新芽的因緣是種子落在溫暖潮濕的土壤中，而識的因緣是感官和對象之間的接觸），此事物依因緣而生起，即代表它是無自性而生。凡是無自性而生起者，皆空無自性或缺乏自性。以此理解【24.18ab】，則空性不等同於緣起，而是從緣起推演而來。凡是依因緣而生者，必定是「空」的；但不能依此斷定是否有不依因緣而生且是「空」的事物存在。

　　說空性是一個假託的概念，即是說空性猶如車子，只是一個概念上的虛構物。既然車子因為缺乏自性而只是一個概念的虛構物（車只是依賴車的零件而被人構想，所以車的特性完全從它的零件挪借而來），自然可以由此推斷空性同樣無自性。換句話說，空性本身亦是「空」的。空性不是一個勝義實有法，也不是勝義實有法的一個屬性。空性只不過是將經驗概念化時一個有用的方法罷了。關於這一點，亦可參見【13.7】和【18.11】。

　　關於「佛法即是中道」的觀念，參見【15.7】。將空性稱為「中道」，即是說空性離「有」、「無」兩邊。空性否定有勝義實有的現存事物，亦即否定具有自性的事物，藉此避免存有的邊見；但是空性也同時否定勝義真實的特徵是「無」（或缺乏存有），藉此避免「無」或「非存有」的邊見。因為空性否定有勝義真實之自性的存在，所以能夠避免這兩個極端。

【24.19】

　　既然無有任何一法
　　不是依因緣而生起，
　　自然可推斷
　　亦無有任何一法是不空的。

　　月稱引用提婆（Āryadeva）所言，大意如下：

　　無論何時、何處，
　　皆無任何一法是不依因緣而生，
　　因此，無論何、時何處，
　　皆無恆常法。(CŚ 9.2)[2]
　　一般世人認為虛空等

是恆常不變的，

但有識之士雖以清淨之世間認知，

亦不見其中有〔外在的〕對象。(CŚ 9.3)[3]

　　雖然從常識上以及許多非佛教的哲學家都認定虛空是一恆常實有法，但大多數（儘管不是全部）佛教徒都否認這一點。（參見月稱 CŚ 9.5 的註釋，那是反駁虛空實有性的典型論證。）不過請注意，此處並未提出任何論證以證實諸法依因待緣而生。因此，用以支持「諸法皆空」之說的這個論證，似乎預期我們已經接受「一切勝義實有法皆是緣生法」的前提。

【24.20】

　　如果這一切皆是不空的，

　　則無生亦無滅。

　　對你而言，即可推斷

　　四聖諦不存在。

　　龍樹在此開始實踐他在【24.13-14】中的主張，亦即破壞佛教根本教理的是論敵的見解，而非中觀論者的見解。論敵在【24.1】中批評空性使得四聖諦虛妄不實，龍樹於此回應如下：如果諸法是不空的或具有自性，則是恆常法。以下【24.21-25】逐一詳細地說明此說法何以致使四聖諦虛妄不實。

【24.21】

　　如果「苦」不是緣生法，

　　那麼，它如何會存在？

　　無常確實被宣說是「苦」，

但是如果自性存在，則無常不存在。

第一聖諦主張「苦」的存在，然而佛陀也說「無常故苦」。凡是具有自性者，也因此不是緣生法，必定恆常不變。因此，如果實有法具有自性，則實際上「苦」不存在。

【24.22】

以自性存在者，
何以能再次生起？
因此，對於否定空性者而言，
「苦」的生起並不存在。

第二聖諦是關於「苦」如何依賴諸因緣而生起。但是如果「苦」是具自性的實有法，那麼「苦」從無始以來皆存在，因此，諸因緣只能造成「苦」再次生起。然而，現存事物不會經歷兩次生起，因此，否定空性必然否定第二聖諦。

【24.23】

如果「苦」以自性存在，
則「滅」不存在。
由於你堅稱有自性，
所以，你否定了「滅」。

第三聖諦主張「苦」的息滅也存在。但是具有自性的事物是不滅的，因此，如果否定空性，此聖諦也必然被否決。

【24.24】

　　如果「道」以自性存在，

　　則修持不可能成立。

　　然而，如果此道可修持，

　　則你必須說它無自性。

　　第四聖諦主張有滅苦之道，此道主要是據稱是可達涅槃的種種修行。但是修行必有行為，而行為涉及改變。例如，人若要禪修，必須在某個時間開始禪修，然後在另一個時間停止這項練習。如果事物以自性存在，則這些事物不可能以這種方式改變。因此，諸法以自性存在的觀點必然導致「道不可能存在」的結果。反之，若有「道」的修持，則此「道」不可能有自性，因為修行必然會改變，而有自性的事物是不會改變的。

【24.25】

　　既然「苦」、「苦」的集起、「苦」的息滅

　　皆不存在，

　　則哪一種「道」，

　　能引導你通往「苦」的息滅？

　　再者，「道」不可能通往不存在的目的地。如果「苦」有自性，則不可能有集起與息滅，所以根本沒有任何「道」可通往苦的息滅。因此，論敵的論點又讓第四聖諦成立的可能性遭到質疑。

【24.26】

　　如果「苦」是本有，

　　而未被了知，

為何後來又能有了知？

自性難道不是永恆不變的嗎？

　　論敵在【24.2】宣稱，若諸法是「空」的，則構成修道的四要素不存在。修道四行以「了知苦與苦因」為首，【24.26】論證表示，如果論敵「諸法有自性」的論點無誤，「苦」的了知不可能存在。說有此「了知」發生，即是說苦一度具有不被了知的自性，而後具有被了知的自性。但是如果事物的特性是固有的，就不可能產生變化。因此，「苦」要不是永遠不為人所了知，就是時時被了知。無論是其中哪一種情況，皆不可能演變成有為了知苦之自性與起因的行動。

【24.27】

　　同理，斷除（集）、親證（滅），

　　以及修習（道）與四果，

　　亦即如同了知（苦），

　　對你而言，不可能成立，

　　斷除、親證和修習是論敵在【24.2】提及四行中的其他三種行動，排除「了知苦」之行的考量也適用於此三行。因此，根據論敵實有法具有自性的推測，結果竟使修道四要素皆不可能成立。

　　四果是四行的結果。論敵在【24.3】中辯論，認為在四行不存在的情況下，不可能有四果。龍樹對此並無異議，但以此為理由，不是駁斥空性，而是駁斥有自性的見解。

【24.28】

　　對於認為有自性的人而言，

　　既然此果是本有的，

而且是未被證得的，

後來為何可能證得果？

　　「果」是人在某個特定時間獲得的事物，在此之前並未擁有此事物。若有自性，則「未有果」（例如阿羅漢果）這個特性是本有的。然而如此一來，凡是有此特性者，不可能變成具有「得果」這種差異甚大的特性。因此，再次證明依論敵之言不可能有四果。

【24.29】

　　若四果不存在，

　　則無努力趨向四果者，亦無證得四果者。

　　若四雙八輩不存在，

　　則僧伽亦不存在。

【24.30】

　　此外，由於諸聖諦不存在，

　　正法亦不存在。

　　既然佛法與僧伽不存在，

　　佛陀如何會存在？

　　龍樹在此只是複述論敵從【24.3cd-5ab】中的指控，當然此時指控的對象不是空性論的支持者，而是那些堅持有自性之事物存在的人。

【24.31】

　　再者，對你而言，即可推斷

　　即使是不依賴覺悟而成佛者也可能存在；

　　對你而言，亦可推斷

即使是不依賴成佛者的覺悟也可能存在。

如果佛果或成佛的狀態是本有的，則不可能依賴證悟等其他因素而擁有佛果。同理，如果覺悟是自性或本有的特性，則不可能依賴證悟者等其他事物的存在而發生。因此，覺悟應該是單獨存在，而無任何所依。

【24.32】

在自性上迷而不覺者，

縱使努力求覺悟，

根據你的論點，在菩薩的修行道上，

也不會獲得證悟。

所謂「菩薩」，是雖未覺悟卻發願成佛，並且為成佛道而努力從事種種修行以累積必要善巧之人。如果覺悟等特性是本有的，則這樣的菩薩行將變得毫無意義。因此，永遠不可能有人成佛。

【24.33】

此外，永遠不會有任何人

能造作善、惡業。

就不空者而言，有何事會被造作？

因為具有自性者不被造作。

論敵在【24.6】譴責中觀論者讓一切行為（無論善、惡業行）喪失行動的理由或依據。龍樹於【24.33】回應：如果有自性，則根本不可能有理由造作任何行動。造作一項行動或做一件事，即是引起先前不存在的狀況。如果事物有自性，那麼一時不存在的任何狀

況，必定永遠維持不存在的自性。因此，我們的行為不可能導致任何一件事的造作（無論善事或惡法）。

【24.34】

的確，對你而言，即使沒有善、惡業，

亦會有果報；

以善、惡業行為緣的果報，

對你而言，絕不存在。

如果事物具有自性而存在，那麼，轉生善、惡趣等業果的出現，就不可能依賴善、惡業行的造作。因為凡是具有自性而存在者，不依賴其他事物而具有其自性，因此，縱使我們可能想獲得樂果，避免苦果，但是在這方面，行善、去惡全然毫無意義。

【24.35】

或者，若對你而言，

果報以善、惡業行為緣，

則從善、惡業行生起的果報，

對你而言，為何是不空的？

說果報由善、惡業行決定，即是說果報依賴善、惡業行而生起。如果一切依賴因緣而生者缺乏自性（如【24.18】所言），則可推斷果報不可能是不空的，亦即不可能是具有自性的事物。因此，論敵不可能一方面堅持果報取決於善、惡業行，同時又主張果報不空。

【24.36】

當你否定空性時，

即是否定了緣起，
如此你也否定了
一切世俗的行為模式。

所謂「世俗的行為模式」，意指構成我們日常生活行為的基本活動，月稱以來、去、烹調、閱讀和站立等活動為例來說明。既然這些活動也是緣生法，它們的存在與諸法不空或諸法有自性的主張不相容。

【24.37】

如果空性被否定，
不會有任何事物被造作，
不會有任何行動的發起，
動作者也不會造作行動。

說一項行動應該被造作，即是說應該有起因導致此行動出現。唯有行動可依賴諸因緣而生起，這種說法才可能為真。如果實有法具有自性，則不依賴諸因緣而生，因此，若實有法不空，則不可能有任何事被造作。類似的推理導致以下兩個結論：不可能有任何行動的發起或開始，也不可能有任何一法是採取行動的動作者。

【24.38】

世間如果有自性，
則將會是不生亦不滅的，
也會是常住而不變的，
缺乏形形色色的現象。

這個世界以各種不同的方式出現——這是我們經驗中的一項根本事實。【24.38】中主張，如果有自性，就無法解釋這項事實，因為既然有自性，則世間種種新狀態不可能形成，舊有的狀態也不可能消失，這個世界無法在我們眼前產生任何變化。

【24.39】

> 如果不空，則未得之物
> 永遠無法獲得，
> 無有終止「苦」的業行、
> 一切煩惱也無法斷除。

「諸法有自性」的觀點不僅損害世俗的行為，也同樣危及為了導致苦滅而採取的行動。此處的推理與【24.36-38】相同。例如，若先前諸煩惱（參見【17.26】）不斷除，人根本無法採取任何行動使得這些煩惱後來被斷除。

【24.40】

> 能見緣起之人，
> 即能見此
> 苦（諦）與集（諦），
> 以及滅（諦）與道（諦）。

四聖諦被稱為苦諦、（苦之）集諦、（苦之）滅諦和（滅苦之）道諦。因此，【24.40】主張人若不了解緣起，則無法了解四聖諦。當然大多數佛教徒會同意這個主張，但是在目前的文脈中，這表示若不認知諸法皆空，則無法領悟四聖諦。

[1]《蛇喻經》（*Alagaddūpama-sutta*, M I.130）：「諸比丘！譬喻有人四處奔之欲得蛇、覓蛇、索蛇而行。若見大蛇，彼即於此或依胴腰、或依尾而捕捉、其蛇回頭咬彼人之手、或腕、或餘之支節，彼因此受死或將死之苦。何以故？諸比丘！因彼不真通曉捕蛇之法。如是，諸比丘！此愚痴人是學法，即：經、應頌、解說、諷頌、感興語、如是語、本生、未曾有法、有明（方廣）。雖學法，對此等之法，不以慧究明其意義，對於彼等此等之法不以慧究明其意義，於是不得明瞭，彼等為論詰之快味、為饒舌之快味，以學法。彼等不適學法之真目的，對彼等不理解此等之法，永久非饒益，以致不幸。何以故？諸比丘！對於法以不真理解者也。」（《漢譯南傳大藏經》，中部經典一，頁 188-189）

[2]《大乘廣百論釋論》：「無有時方物，有性非緣生；故無時方物，有性而常住。」（《大正藏》冊 30，頁 187b）。

[3]《大乘廣百論釋論》：「愚夫妄分別，謂空等為常；……智者依世間，亦不見此義。」（同上，頁 188b、188c。原文作第九品·第三頌，但依據《大乘廣百論釋論》，應為第五頌。）

觀察「涅槃」

　　一般相信「涅槃」是佛陀教化的目標，有論敵反對龍樹的空性論，認為「諸法皆空」的說法會排除此一究竟狀態發生的可能性，而龍樹對涅槃的考察即是對此反對意見的答覆。他首先論證「不空的事物存在」之論，也會導致相同結果。接著，極力證明：沒有任何關於「涅槃」的陳述可為勝義諦。就這點而言，他效法先例，依循佛陀對於所謂「無記」（indeterminate）問題的教導。最後，他說明空性論何以能夠作為佛陀處理那些爭議點的一種闡述。本章的論證概述如下：

【25.1】反駁：如果一切皆空，則不可能有涅槃。

【25.2】回應：不空之事物存在，也可能導致「涅槃不存在」的結果。

【25.3】主張：關於涅槃，無可斷言。

【25.4-6】破斥涅槃是「有」（梵 bhāva；existent；存在）的可能性。

【25.7-8】破斥涅槃是「非有」（梵 abhāva；absence；非存在）的可能性。

【25.9-10】權宜的解決之道：涅槃是非有亦非非有。

【25.11-14】破斥涅槃是亦有亦非有的可能性。

【25.15-16】破斥涅槃是非有亦非非有的可能性。

【25.17】全盤否定有關佛於涅槃中存在狀態的四種可能觀點。

【25.18】運用相同方式分析輪迴——輪迴是非有亦非非有等。

【25.19-20】輪迴與涅槃之間無纖毫之差。

【25.21-23】此分析同樣地解決其他屬於「無記」的問題。

【25.24】在解脫論方面導致的結果：戲論的止息。無有一法是佛陀所說。

【25.1】

〔反駁：〕

如果這一切皆空，

則無生亦無滅。

那麼，是由於何者的斷除或止息，

而使得涅槃的存在獲得認可？

　　針對「諸法皆空」的主張，論敵提出另一項反對意見：如果此說屬實，那麼，在勝義上不可能有種種現象的生起和消失。這一點龍樹已於【1.1】聲明。然而，如此一來，似乎不可能有涅槃的存在。這是因為據稱涅槃有兩種：有餘涅槃和無餘涅槃，前者需要斷除諸煩惱，以確保再生的止息，不過，因為尚有宿業造成的身心諸蘊，所以仍然有色身。後者出現的時機，則是一個人諸業已盡，因此身心諸蘊的因果相續壞滅。這兩者都涉及「滅」或「止息」：有餘涅槃需要止息「現存之『我』」的妄見，而無餘涅槃則需要身心諸蘊的止息。如果在勝義上無生亦無滅，這兩種涅槃似乎都無法證得，

因為兩者都需要現存實有法的生滅。所以，「一切皆空」的主張有違佛陀的教法。

【25.2】

〔回應：〕

如果這一切皆不空，

則無生亦無滅。

那麼，是由於何者的斷除或止息，

而使得涅槃的存在獲得認可？

　　對於論敵的反駁，龍樹回應如下：如果我們轉而相信有不空的事物存在，則無法解釋涅槃何以可能成立，因為如此一來，就不可能有生滅。根據清辨和月稱的解釋，這是由於具有自性（也因此是不空的）之事物不可能經歷生滅。龍樹此處的回應或許表面看來是一種「相似非難」（tu quoque）[1]，不過，月稱表示，空性論者並無這個難題；而清辨則說無論是哪一方，都同意證得涅槃的主張在世俗上的真實性。因為他認為（除了空性論之外）中觀論者可能斷言的真理唯有世俗諦，所以，他此處的解釋，也意味著他相信中觀論者可以迴避論敵的反駁。其理由將於本章其餘諸頌顯明。

【25.3】

無所捨、無所得、

無有斷、無有常、

無有滅、無有生──

此之謂「涅槃」。

　　月稱在注釋中引用一首偈頌，此頌被認為是佛陀所說，大意是

當一切現象皆已終止時，「存在」與「不存在」的概念是苦之滅的障礙。相關見解出現於巴利經藏，佛陀在《婆蹉衢多火喻經》（M I. 483）中說，由於覺悟者已斷盡一切再生的根源，所以，不可能說覺悟者死後會再生、不會再生等等。[2]（既然沒有這樣的人，根本不會產生這個問題。）此外，在《迦旃延經》（S II.17, III.134–35）中，佛說「存在」和「不存在」同樣是不恰當的極端見解。（龍樹在【15.7】提及此經）綜觀這兩段經文表達的思想，或許對於「究竟」涅槃（無餘涅槃）可以陳述如下：既然再生之因皆已止息，解脫者不會再生；構成一個人生命序列的身心諸蘊的因果相續將於死時達到盡頭，所以，不能說覺悟者死後會存在。通常這說法也被認為代表「究竟」涅槃等於完全斷滅之意，意即覺悟者死後不存在。當然，對許多人而言，這確實使涅槃聽起來缺乏吸引力，但是對於這些經文呈現的觀點而言，那樣的反應是錯誤的。既然構成因果相續的諸蘊根本沒有其擁有者，則不宜以「我將不存在」描述因果相續的止息。因此，「存在」不可說，「不存在」亦不可說。

關於這一點，幾乎所有佛教派別大概都會同意，但龍樹心中另懷奧義，將於本章其餘諸頌表明。他的考察方法是仔細思考涅槃是否為「有」（亦即確實的存在，bhāva）？是否為「非有」（亦即無有的存在，abhāva）？兩者皆是？或是兩者皆非？就這一點而言，他依循標準的「四句否定」邏輯論式。

【25.4】

> 從一方面來說，涅槃不是「有」，
> 否則涅槃會有「老」與「死」等相，
> 因為沒有任何的「有」，
> 能離於「老」與「死」。

　　對於佛教徒而言，一切現存事物皆以苦、無常、無我為特徵或「相」，這是一個正統的觀念或信仰；苦、無常和無我，稱為現存事物的三個共相。何謂「無常法」？標準的具體說明即是「會遭受老與死的事物」。此一敘述也用以凸顯「無常」與「苦」的關連，因為一般公認衰老與死亡皆是不受歡迎的現象。由於涅槃應該是苦的止息，故可推斷涅槃不應以「老」與「死」為相。

【25.5】

> 再者，如果涅槃是「有」，
> 那麼，涅槃則是有為法，
> 因為從來沒有任何的「有」，
> 不是有為法。

　　【25.5】論證一切有皆有「生」、「住」、「滅」，因此，若涅槃是「有」，則亦有「生」、「住」、「滅」三相。這顯然與「涅槃代表苦的永久止息」之說並不相容。有些阿毘達磨部派將若干無為法納入其諸法或勝義實有法的分類表裡，例如毘婆沙師認為虛空和兩種滅是勝義實有的無為法。[3] 不過，也可以說這些都不被認為是「有」，而被認為是「非有」，因此，將它們納入分類表中，與「一切現存事物皆是有為法」的主張並不牴觸。例如，「虛空」的定義是「無礙」（缺乏阻礙），但是請參見【5.2】，該頌將虛空劃歸為據稱適用於一切現存事物的通則之下。

【25.6】

> 此外，如果涅槃是「有」，
> 何以可說涅槃無所依賴？
> 因為如果無有依賴，

一切「有」皆不可得。

之所以將涅槃稱為「無所依賴」（nondependent），大概是因為唯有如此，才能確保涅槃代表苦的永久止息。如果說涅槃依賴眾緣，則涅槃的延續勢必以這些因緣的持續存在為緣。不過，稱涅槃為「無所依賴」會產生難題，亦即這有違「一切現存事物皆依賴眾因緣而生」的正統佛教信念。

【25.7】
如果涅槃不是〔確實的〕「有」，
又怎麼會是「非有」？
無「有」之處，
即無「非有」。

根據清辨的注釋，【25.7】的論證是針對經量部，此派論者認為涅槃不過是一「非有」。（我們在此將「abhāva」一詞譯為「非有」〔absence〕，而在其他地方譯為「不存在」〔nonexistent〕，這是因為若不作此改變，可能造成錯誤的暗示，讓人誤以為沒有涅槃這種狀態的存在。）月稱則指出，【25.7】論證抨擊的見解是「涅槃是諸煩惱與受生之非有」。根據月稱的解釋，反駁此見的論證如下：如果此一見解成立，則涅槃如同煩惱與受生，皆是無常法。對此論證或許可以提出反駁，認為涅槃仍然具有人們希求的那種恆常，縱然它在時間上有個開端，卻永無止盡。然而，月稱主張這種看法導致「涅槃可不經努力而證得」的荒謬結論：既然每個煩惱或受生的現起（如同其他一切事物）皆是無常，不論努力的程度如何，它都會止息，因此，不論一個人是否為了證得涅槃而努力，每個煩惱和受生的「非有」終將出現。

【25.8】

再者，如果涅槃是「非有」，

如何可能無所依賴？

因為如果沒有依賴，

「非有」根本不會存在。

如果我們猜測有「非有」這種事物，則必須說某物之「非有」必定是依賴其他事物而出現，所依賴的即是此「非有」的「某物」。正理派以下列法則表述同樣的觀點：沒有確實的「有」，則無其「非有」。根據這條法則，不可能有「兔角的非有」這種事，因為兔角不存在。（不過，角從兔子的頭上消失卻是有可能的。）但是，這使得「非有」的出現依賴存在於某個時間或地點的相對實存事物，因此，如果論敵說涅槃是一種「非有」，這又與「涅槃無所依賴」的主張相牴觸。

我們已從以上偈頌得知涅槃不是「有」，也知道涅槃不是「非有」。合併這兩個主張，說涅槃是非有，亦非非有——這種回應或許在表面上看來是合乎邏輯的。以下【25.9-10】正是提出如此說法，並且以佛陀的權威為基礎為此說法辯護。不過，我們稍後即將了解這不代表龍樹自己的觀點，因為他將於【25.15-16】駁斥這個說法。

【25.9】

彼或依賴或有所緣，

而為生滅者，

當無所緣或無依賴時，

彼即稱為「涅槃」。

【25.10】

再者，對於生與滅，
導師曾教授應俱捨斷
因此「涅槃非有亦非非有」
才是正確的說法。

【25.10ab】的引證似乎出自《經集》第514頌[4]。月稱解釋，所謂「生滅」，意指輪轉生死的狀態。如同光依賴燈而生起，此狀態的生起是基於無明等因緣；如同「長」依賴「短」而被人構想，生死輪轉也依賴身心諸蘊而形成概念。據稱涅槃不是以無明等為緣，也不是依賴身心諸蘊而形成概念。在此情況下，既然涅槃只不過是透過無明的條件作用不存在，或只是在概念上對身心五蘊的依賴不存在，則不能說涅槃是「有」或「非有」。此處的推論似乎是補特伽羅部派的推論，此派認為雖然人是勝義實有，但與人賴以命名和形成概念的身心諸蘊既非同一，亦非相異。由於涅槃是人不再依賴或緣於身心諸蘊時的狀態，所以，它顯然應該同樣被視為無法依據「有」與「非有」的二分法概念而予以分類。

在此，龍樹的頌文似乎認可「涅槃非有亦非非有」的觀點。以下四頌探討和駁斥「涅槃亦有亦非有」之見，看來這似乎支持涅槃是兩者皆非。不過，「兩者皆非」的選項亦於【25.15-16】被駁回。這明確顯示此頌對「兩者皆非」的認可代表某一位論敵的立場，而非龍樹的立場。

【25.11】

如果涅槃是
亦有亦非有，
則解脫將會是「非有」，且是「有」，

294

那是不正確的。

《無畏論》指出，某事物的「有」與此物同一時間的「非有」，這兩者之間彼此並不相容。月稱補充說，若涅槃兩者皆是，則解脫既是有為法的生起，亦是有為法的滅止，但同一事物不可能同時生滅，所以，涅槃不可說是亦有亦非有。

【25.12】

如果涅槃是
亦有亦非有，
則涅槃將不會無所依賴，
因為它依賴於兩者。

若涅槃應該是勝義實有，則必然無所依賴，亦即不依賴其他事物而被命名與形成概念。然而，亦有亦非有的涅槃依賴現存的有為法與其「非有」，而被命名和形成概念。所以，那顯然是不可能的。

【25.13】

涅槃如何可能是
亦有亦非有？
因為涅槃非有為法，
而亦有亦非有皆是有為法。

關於「有為法」的意義，參見第十三章。

【25.14】

涅槃如何可能是

亦有亦非有？

因為它們不會同時出現，

正如光明與黑暗不並存。

既然黑暗是光明的「非有」，說涅槃亦有亦非有，猶如說光明與黑暗可同時出現於同一地點。各家注釋已於【25.11-12】的解釋中說「有」與「非有」彼此並不相容，龍樹於此頌以光明與黑暗為例，明確地指出這一點。

【25.15】

「涅槃非有亦非非有」

這樣的主張，

唯有在「非有」與「有」皆成立時，

才得以成立。

龍樹在此重提似乎在【25.10】獲得認可的觀點——涅槃非有亦非非有。【25.15】主張這個觀點也必須駁斥，論證是唯有「涅槃是有」的論點和「涅槃是非有」的論點皆言之成理，這個「兩者皆非」（非有亦非非有）的論點才可能是勝義諦；但是既然上述兩個論點都已經被駁回，由此可推斷「兩者皆非」的論點也必須被駁回。此處的推論是，由於支持「兩者皆非」的人聲稱此論點為勝義諦，所以，此論點必須被理解為以否定的措詞，而對於涅槃特性所作的肯定描述，亦即藉由「涅槃不是……」的說法來描述涅槃。然而，如果根本沒有涅槃所否定之事物的存在（譯按：「涅槃所否定之事物」，在此意指「有」與「非有」），那麼，此論點不能成立。

若以古典邏輯的角度思考這個情況，我們或許會懷疑龍樹在此犯了一個邏輯上的錯誤。他剛才駁回了「涅槃非有亦非非有」的論

點。「非 p 且非非 p」的否定是「p 或非 p」，而欲使後者為真，「p」或「非 p」這兩個陳述至少其中之一必須為真，但是【25.4-8】曾表明「涅槃是有」和「涅槃是非有」皆應被駁斥。難道龍樹被否定選言命題的否定時所涉及的邏輯弄糊塗了嗎？

根據月稱對此論證的解釋，龍樹在此並無邏輯上的錯誤，理由是有兩種方式使得一項陳述無法成為勝義諦。一種方式是讓此陳述在勝義上為不實，如果「p」因為在勝義上不實而無法成為勝義諦，那麼，「非 p」即是勝義諦。然而，另一種方式是讓「p」成為實際上不存在之物的相關陳述，如果「p」其實不是關於任何事物的陳述，那麼，它既不可能是勝義諦，也不可能在勝義上不實，因為它其實根本沒有任何意義（至少從勝義諦的角度來說）。換句話說，為了說「非 p」是勝義諦，我們必須能夠想像「p」何以可能是勝義諦。欲使「p」這項陳述為真實或不實，「p」必須確實是關於某事物。【25.4-8】大概顯示出「涅槃是有」和「涅槃是非有」皆不可能是勝義諦，但是並未顯示這兩項陳述在勝義上是不實的。如果「涅槃是有」和「涅槃是非有」不可能是勝義諦，則其選言命題的否定——「涅槃非有亦非非有」，也同樣不可能是勝義諦。

【25.16】

> 如果發覺涅槃非有亦非非有，
> 那麼，「涅槃非有亦非非有」
> 這樣的說法，
> 是憑藉什麼而得以展現呢？

主張在勝義上涅槃非有亦非非有，即是主張涅槃有此特性。【25.16】提出的問題是，這一點如何能為人所知？如果「人」被概念化時所依據的身心諸蘊已斷除，那麼，涅槃就不可能是心識的對

象。倘若有人認為可藉由認知空性以認知涅槃，那麼，只要空性涉及一切戲論的止息，涅槃也同樣不可能被理解為符合「非有亦非非有」的概念，因為這本身即是一種戲論（conceptual proliferation，概念的擴散）。因此，根本不可能有理由支持此項論點。

至此，我們已經明白為何有關「涅槃存有狀態」的四種觀點皆應駁回的原因。以下【25.17-18】則顯示，以此方式悉數駁斥【25.4-16】考量的四種輔助定理，在佛教中有先例可循。

【25.17】

> 於佛陀滅度後
>
> 不應斷言：「佛陀存在」、
>
> 「不存在」、「既存在亦不存在」，
>
> 或「既不存在亦非不存在」——這些論點皆不應斷言。

【25.18】

> 佛陀住〔世〕時，
>
> 確實不應斷言：「佛陀存在」、
>
> 「不存在」、「既存在亦不存在」，
>
> 或「既不存在亦非不存在」——這些論點皆不應斷言。

如清辨所明言，此處的引證是《相應部·蘊相應》第八十五經（S III.112）[5]、《婆蹉衢多火喻經》（M I. 483-488）[6] 和《相應部·無記說相應》（S IV.374-402）[7] 所探討的無記問題。這些問題一般人推測已覺悟者應該知道解答，包括解脫者死後是否繼續存在、世界是否恆常、生命力（life-force）和色身是否同一等問題。這些問題的思索通常以「四句」形式呈現：它是「p」、「非p」、「p且非p」或「非p亦非非p」。這些問題之所以稱為「無記」或「不確定」，是因為上述每一項可能成立的論點佛陀皆予以駁回，

且不採納其餘任何論點。這使得有些現代學者認為，佛陀可能並非時時遵循古典邏輯的法則，例如，若有人駁斥「p」，則此人似乎表態支持「非p」，而佛陀連這一點也拒絕接受。然而，從已滅之火的譬喻（M I.487–88）[8] 可知，佛陀認為「四句」中的每一項論點皆包含不實的假設，例如在勝義上可以用滅度後「存在」、「不存在」等論點，來加以陳述佛陀。既然此假設不實，即可同時駁回「佛陀死後存在」與「佛陀死後不存在」這兩個主張，而不違反任何古典邏輯的法則。當龍樹說「涅槃不應被稱為有或非有」（【25.10cd】），又說「涅槃不應說是非有亦非非有」（【25.15-16】），此時類似無記問題的論述讓他得以免於自相矛盾的指控。

【25.19】

> 輪迴與涅槃之間
> 並無任何差異；
> 涅槃與輪迴之間
> 並無任何差異。

【25.20】

> 涅槃之邊際，
> 即是輪迴之邊際，
> 涅槃與輪迴兩者之間
> 毫釐之差不可得。

導致有關「涅槃」的四項輔助定理皆被駁回的推論，同樣適用於「輪迴」。既然依龍樹之見，諸法皆空無自性，則可推斷在勝義上並無「輪迴」這種狀態，因為若要針對輪迴提出勝義真實的主張，必須要有能夠產生它的勝義真實的心理力量，但是如果一切事物皆空，則不可能有勝義真實的心理力量。因此，在勝義上輪迴存在、

不存在等說法，皆不可能成立。不過，請注意，這完全不涉及涅槃和輪迴的世俗狀態，中觀論者仍然可能認為「涅槃與輪迴是迥然不同的兩種狀態」，或「應該希求涅槃，止息輪迴」等說法是世俗諦。

【25.21】

> 關於佛陀滅度後的情況、
> 世間的盡頭，以及世界的恆常性等觀點，
> 是〔分別〕依於涅槃、
> 未來世與過去世。

佛陀拒絕回答的無記問題，包括有為法（例如「人」）滅後，有無存有的狀態？世界在空間上有無盡頭？世界在時間上有無止盡？這些問題皆對於「涅槃有無始終」這個問題預設了某種答案。第十一章的論證，大意是說不可能有輪迴的前際與後際；該章也主張同樣的分析適用於一切所謂的現存事物（參見【11.8】），此處即是將第十一章的分析運用於「涅槃」的考察。

【25.22】

> 既然諸法皆空，
> 何者無止盡？何者有止盡？
> 何者有止盡亦無止盡？
> 何者非無止盡亦非有止盡？

【25.23】

> 何者與此同一，何者相異？
> 何者恆常，何者無常？
> 何者恆常亦無常？
> 何者兩者皆非？

　　說諸法空無自性，即是說沒有勝義真實的實體存在。既然一項陳述唯有正確描述勝義實有法，才可成為勝義諦，則可推斷：關於涅槃和證得涅槃者，沒有任何觀點可能是勝義諦。請注意，【25.23】包含一個先前未曾提及的問題，亦即「同一」與「相異」的問題。例如，有人或許好奇：覺悟者與尋求覺悟者是同一人，還是不同的人？鑒於本章至此對於涅槃的了解，這樣的問題不可能產生。

【25.24】

> 一切認知皆止息，
>
> 即戲論止息──此為安樂。
>
> 無論於何人，
>
> 佛陀從未教導任何佛法。

　　因為由諸法的普遍空性可推斷，在勝義上無一法可被認知，也因為苦據稱源於戲論（參見【11.6】），故可推斷體證空性是「安樂」或「苦的止息」。當然也可由此推斷佛法（佛陀種種教法）中，沒有任何一項陳述是勝義諦。不過，月稱說這對於中觀派並不構成任何難題，因為佛陀的教法能夠協助我們度過苦厄，在此情況下，佛法即是世俗諦。

　　有些現代學者認為《中論》的正文至此結束，他們宣稱其餘兩章是後人所增補，並非龍樹之作。為了支持這個說法，他們指出現存最古老的注釋《無畏論》似乎在此結束，在目前可見的《無畏論》版本中，最後兩章（亦即對第二十六、二十七章的注釋）多半只有偈頌本身，而無任何闡釋評注。或許另有一點特別值得一提：第二十六章中並無任何中觀派獨特的見解。不過，清辨和月稱依然認為最後兩章確實是龍樹所作。對此爭議，我們不置可否。

[1] 「相似非難」（tu quoque）意即「你也一樣」。這是一種邏輯上的謬誤，藉由指稱對方犯相同錯誤，以反駁對方先前的指控。

[2] 參見《婆蹉衢多火喻經》，《漢譯南傳大藏經》，中部經典二，頁 264-271。

[3] 三無為法即虛空無為、擇滅無為與非擇滅無為。「虛空無為」只是無障礙相，是不生不滅的無為法，不受色的集散起滅而有任何影響。「擇滅無為」是指以智慧簡擇諦理，某法、某一類或一切有漏法滅去，就得一法、一類或一切的擇滅（得一切擇滅，則名為得涅槃）。「非擇滅無為」是指非因智慧之簡擇力所得，但由有為法緣缺不生，所顯示的寂滅。即一切法緣會則生，缺乏生起的因緣時，畢竟不生，即得非擇滅無為。

[4]《經集·薩毘耶經》第 514 頌：「世尊曰：薩毘耶修道，至於般涅槃，度脫諸疑惑，捨斷有非有，行成滅再有，此稱為比丘。」（《漢譯南傳大藏經》，小部經典二，頁 140）

[5]《相應部·蘊相應》第八十五經（S III.112）：「友焰摩迦！此處於現法、真實、如應如來為無所得。汝能記說而言：『我如解世尊所說之法者，漏盡比丘身壞、命終是斷滅無有耶？』『友舍利弗！我於先無知故，以起彼惡見。今聞具壽舍利弗之說法，則斷彼惡成見，於法則現觀。』『友焰摩迦！有如是問汝者，〔謂：〕友焰摩迦比丘！漏盡之阿羅漢身壞、命終為如何耶？友焰摩迦！有如是問者，當如何答耶？』『友！有如是問我者，〔謂：〕……為如何耶？友！有如是問者，則如是答，〔謂：〕友！色是無常，無常者則是苦，苦者則已滅、已沒。受、想、行、識是無常，無常者則是苦，苦者則已滅、已沒。友！有如是問者，則如是作答。』」（同上，相應部經典三，頁 162-163）

[6] 參見第二十二章注 [1]、注 [3]，以及本章注 [2]。

[7]《相應部·無記說相應》（S IV.374-402），參見《漢譯南傳大藏經》，相應部經典五，頁 82-111。

[8]《婆蹉衢多火喻經》（M I. 487-488）：「〔世尊曰：〕『婆蹉！若汝之前，彼火消滅，汝可知：「予之前，此火已熄滅」否？』〔婆蹉曰：〕『卿瞿曇！若予之前，彼火熄滅，我當知：「予之前，此火已熄滅也。」』〔世尊曰：〕『婆蹉！若如是問：「汝之前，此火已熄滅，彼火是由此處至何方耶？或東方、或西方、或北方或南方耶？」婆蹉！如是詢問，然，汝如何回答耶？』〔婆蹉曰：〕『卿瞿曇！不適合也；卿瞿曇！實彼火緣於草、薪、燃料而燃，因其〔燃料〕之滅盡，又，其他之〔燃料〕不持來；彼可謂「無〔火之〕食〔燃料〕而熄滅」之名稱也。』〔世尊曰：〕『實如是，婆蹉！凡以色施設如來使知者，其色為如來所捨，斷其根本，如截多羅樹頭，成為非有，未來為不生法。婆蹉！如來實是解脫色之名稱者，〔智〕甚深者、不可量者、難以深解者，猶如大海，云「（如來）往生」是不適當，云「（如來）不往生」是不適當，云「（如來）往生亦不往生」是不適當，言「（如來）不往生亦非不往生」是不適當。』」（同上，中部經典二，頁 269-271。）

觀察「十二因緣」

　　對於前一頌（【25.24】）所言，亦即佛陀從未說過任何佛法，有論敵提出反駁，清辨將第二十六章設定為龍樹對此反駁的回應。這位論敵說，如果佛陀確實未曾說過一法，那麼，他也必定沒有教授「緣起」，更確切地說，他必定沒有教授過十二因緣，亦即緣起說應用於補特伽羅（或「人」）的教導。十二因緣是所有佛教派別一致公認的正統教理，一般認為此說解釋生死輪迴的機制，在此機制下，一個人由於前生種種因素而誕生於此世，又造作導致來生的種種因素，因此生生死死，無有窮盡。所以，在眾人的觀念中，十二因緣鋪陳用以支持集諦的種種細節，而集諦是四聖諦中陳述「苦依賴諸因緣而生起」的第二聖諦，這使得十二因緣的教理成為佛法的核心之一。因此，如果龍樹的空性論導致的結論之一是佛陀未曾說過如此教理，那麼，龍樹可能根本不是佛教徒。

　　如果龍樹有意在此章回應這項反駁，那麼，他的回應是正統說法的最佳典範。【26.1-10】是十二因緣的標準敘述，並且說明緣起的十二支如何導致苦，【26.11-12】陳述第三聖諦「苦之滅」的要點。這一切與龍樹於【25.24】所言，何以相容？或推而廣之，這一切與

空性論何以相容？乍看之下，這點並非顯而易見。月稱和清辨的注釋
提出一個可能的解答：空性論涉及勝義諦，而緣起說則純粹是世俗諦。

　　構成十二因緣的十二支如下：
　　一、無明
　　二、諸行
　　三、識
　　四、名色（梵 nāmarūpa，五蘊或身心要素的群組）
　　五、六處
　　六、觸
　　七、受
　　八、愛
　　九、取
　　十、有
　　十一、生
　　十二、苦（老、死等）
　　這些要素的生起與止息，以如下順序解釋：

【26.1-10】十二因緣的十二支接續生起。
　　　　【26.1】解釋第一、二支。
　　　　【26.2】解釋第三、四支。
　　　　【26.3】解釋第五、六支。
　　　　【26.4】解釋第四、三支。
　　　　【26.5】解釋第六、七支。
　　　　【26.6】解釋第八、九支。
　　　　【26.7】解釋第十支。

【26.8-9】解釋第十一、十二支。

【26.10】結論：無明者造作諸行而導致苦，此乃智者所不為。

【26.11-12】十二因緣的十二支接續止息。

【26.1】

> 被「無明」障蔽者，
> 造作導致再生的三種「行」（volition），
> 即以此諸業行，
> 而趨往下一個生趣。

此頌解釋導致今生的是前世的何種因素。「無明」——對於苦、無常、無我等事實的無知——致使人形成「諸行」（梵 saṃskāras，意志作用），也就是引起種種行為的心理力量。「三種」或許意指造成身、口、意業的諸行，不過根據月稱的解釋，這是指善、不善和非善非不善。接著，這些業行成為投生於這一期生命的近因。

【26.2】

> 以「諸行」為緣的「識」，
> 投入於新的生趣。
> 「識」進入新的生趣之後，
> 「名色」〔亦即五蘊〕即受生。

【26.2a】是這一期生命第一剎那的標準敘述。在受孕時，前一

世的諸行造成一剎那心識，此一剎那的心識終與一特定胚胎結合，而此胚胎將處於某一特定狀態——天、人或其他諸趣。若前世的諸行絕大多數是善的，則此胚胎可能處於天道（亦即父母皆為天神）或處於特別幸運的人道；若前世諸行多是不善的，則此胚胎可能處於某一地獄；凡此種種業行牽引投生諸趣，不一而足。月稱補充說，諸行與識的關係猶如月與月影，或印章與其印文的關係。在這兩個譬喻中，第二個項目（倒影、印文）在數值上異於第一個項目（月亮、印章），但是第二項的本質取決於第一項的本質。此處的要點在於，防範以投胎再生為某一從前世趨入今生之實體的詮釋。關於這一點，另請參見《清淨道論》第十七品（Vism 554），佛音論師於此引述一首偈頌，此偈以回音（巴 patighosa）為例——回音即是依賴先前之聲而生起的新聲音。[1]

「名色」（梵 nāmarūpa）一詞有時（而且多少有點誤導地）譯為「名字與形體」（name and form）。這個專門用語是五蘊的總稱（關於五蘊，參見第四章）。【26.2】聲稱一旦一剎那的心識與胚胎結合，則構成身心集合體（即有情眾生）的身（梵 rūpa，色）和心（梵 nāma，名）諸要素，因此得以成長。

【26.3】

> 但「名色」受生之後，
> 則有「六處」生起。
> 受生之「名色」生起「六處」之後，
> 則有「觸」生起。

整個身心集合體的成長產生了具有六處（六種感官）的生物，每一種感官皆有獨特的感知機能，亦即見、聞、嗅、嚐、觸、內在感知。一旦六處生起之後，即與環境中的事物相觸：眼與形色相觸、

耳與聲相觸等等。在此譯為「處」（sense organ，感官）的專門用語是「āyatana」（參見第三章）。通常共計有十二處，包括六種感官以及它們各自的對境。

【26.4】

> 以眼、形色為緣，
> 以及以作意為緣，
> 如是依賴「名色」，
> 而「（眼）識」生起。

據稱「識」的生起是依賴一種感官與其對境，以及對此對境的注意力（作意）。以眼識為例，感官是眼，眼的範圍是種種形色的出現。值得注意的是，在此敘述中，眼識與耳識等相異，沒有任何一「識」是透過兩種不同的感官而直接被外在之物所引起，進而理解此外境。

根據月稱的解釋，因為眼和形色屬於「色」蘊（rūpa skandha），而注意力屬於「名」蘊（nāma skandhas，心理諸蘊），所以，眼識依賴「名」與「色」而生起。【26.2】說「名色」依賴「識」而生起，【26.4】卻說「識」依「名色」而生起。如此看來，似乎「名色」與「識」有互為因果的關係。有些阿毘達磨思想家認為這代表同時存在的事物可有互為因果的關係，其中任何一物既是另一物的「因」，也是它的「果」。但是，此處毫無跡象顯示龍樹或《中論》的注釋者贊同這種觀點。【26.2】提及的「名色」似乎是正在發育中的胚胎，而此處提及的「名色」，看來是已完全發育且與環境互動的有機體。這兩頌提到的「識」，似乎也同樣是心識活動之流中發生的不同事件。

【26.5】

　　形色、識與眼，

　　此三事和合，

　　即是「觸」，從此「觸」，

　　而有「受」生起。

　　月稱解釋，「觸」即是透過感官機能、感官對象和因而發生的「識」三者彼此交互作用的運作。這又進而產生「受」，亦即苦、樂或不苦不樂的覺受。

【26.6】

　　以「受」為緣而有「愛」，

　　因為人渴愛「受」之對象的緣故。

　　當渴愛生起時，

　　人開始執取四種「取」。

　　由於「受」而產生「愛」（渴愛）：樂受導致對某物的渴愛，苦受導致厭惡或想擺脫某物的渴望等等。「取」是辨識的過程，亦即將某些「支」視為「我」或「我所」。一個人對某一刺激物多少會有所渴愛，而此刺激被認為在某方面對於他心目中的「我」產生影響，就此而言，即是由「愛」生「取」。四種「取」，據稱是（一）欲取：與欲樂相關的取著；（二）見取：涉及（錯誤）見解的取著；（三）戒禁取：涉及道德行為與宗教誓願的取著；（四）我語取：涉及我見的取著。

【26.7】

　　因為有「取」，

則取者的「有」出現，

因為一個人如果無有「取」，

則當會解脫，而不受後有。

種種「取」著的先決條件是「取」著的動作者存在。換句話說，凡是認定某種狀態為「我」或「我所」，則必定有相信以此狀態為取著對象的主體存在。依據佛教的分析，透過這種信念激發的行動，「業」的機制得以運作。因此，若人不相信有取者，則能從輪迴中解脫。

【26.8】

此「有」即是五蘊；

從「有」而導致「生」，

並生起「老」、「死」之苦等，

以及憂慮與悲傷，

【26.9】

以及愁怨與苦惱，

皆從「生」而生起。

此一大苦蘊生起，

即如是而生起。

為下一期生命作準備的「有」（存有），其實只是五蘊，而此五蘊的生起，是由於往昔基於我見而造作的種種行為產生的「業」。根據月稱的注釋，五蘊皆包括在內，因為身業和語業涉及色蘊，而意業涉及受、想、行、識等四種名蘊。

這一切導致來世的受生。在此之前，我們已經看到前世的兩項因緣——「無明」與「行」（【26.1】）的順序，如何導致今生八

項因緣次第生起——「識」而後有「名色」（【26.2】）、「六處」與「觸」（【26.3】）、「受」（【26.5】）、「愛」與「取」（【26.6】）、「有」（【26.7】），現在【26.8-9】則進入來世，一切始於「生」且不可避免地趨向「老」、「死」，以及與存在相關的苦。如此形成完整的十二因緣，亦即為第二聖諦所說的苦因所作的詳細解釋。

【26.10】

> 是故無明者造作諸行，
> 而諸行乃輪迴之根本，
> 因此無明者是作者；
> 智者已見真實，所以不是作者。

　　【26.10】所謂「作者」，意指由於渴愛樂受，厭惡苦受，而造作種種行為，並且因此累積業種子之人。根據月稱的解釋，智者不見任何一法，因此不見任何一法可造作，是故非作者。這顯示空性之智在此發揮作用的可能性：或許是智者因為親見諸法皆空（不只是「人空」而已），所以無有任何一法可見。

【26.11】

> 一旦「無明」止息，
> 則「諸行」不生起。
> 然而，「無明」的止息，
> 即是由於修習此智。

　　一旦人知道輪迴如何流轉不息，則觀修十二因緣導致引動輪迴的這些渴愛得以止息，此即第四聖諦——滅苦之道。值得注意的是，此章諸頌對十二因緣的詮釋，絲毫不違於阿毘達磨。根據阿毘達磨，

唯有「人無我」（亦即人空無自性）之知見是正確知見。此外，根據《無畏論》（或以更審慎的態度來說，應該是《無畏論》中呈現的第二十六章註釋。參見我們在前一章末的評論），以上所述或許在諸經與阿毘達磨文獻中有更廣泛的探究。不過，月稱在此頌註釋中，明確地援引空性知見，根據他的觀點，頌文提及的有效知見，正是諸法自性空的知見：

　　無明滅，乃由正確而不顛倒地修習此緣起。凡是正見緣起者，則於事物之自相 [亦即自性] 毫無所得，即使是極微之物亦然。此人進入諸法自性空之修習，見諸法如鏡中像、夢境、旋火輪〔參見【11.2】〕、印文。已體證諸法自性空者，於內、外在任何事物無實可得；無實可得者，不為任何一法所惑；不惑者，不造作業行。人透過修習緣起而如是知。見真理之瑜伽師必定已斷無明，已斷無明者之諸行得以止息。（LVP，頁 559）

　　在【26.11】與月稱註釋中所提到的「修習」，也具有重大意義。第四聖諦探討的滅苦之道，不僅包含透過哲學訓練所培養的理解或洞見（如龍樹等中觀論師之智），也需要禪觀的修習──這一點廣為大眾所接受。月稱在此暗示，此修習之所以重要，可能是因為瑜伽師或禪修者最終能直接照見出現在經驗中每一法的空性，這或許有異於透過哲學思辯獲得的理論性知見。若是如此，則可以解釋為何瑜伽師得以止息一切能生「業」的諸行。

【26.12】

　　由於十二因緣中任一支的滅盡，
　　另一接續之支則不再生起。
　　此一大苦蘊，
　　如是而得完全滅盡。

既然十二因緣中每一支都依賴前一支的出現而生起，隨著「無明」滅盡，「苦」的產生亦必定終止。清辨覺得必須補充一點：上述所言純粹是世俗諦，而非勝義諦。因為根據中觀派的說法，十二因緣中沒有任何一項因緣是勝義實有，所以「無明滅，而行等其餘因緣隨之亦滅」的見解並非勝義諦。

---

[1]《清淨道論》第十七說慧地品：「『茲以回聲等譬喻，因為相續連接，不一亦不異』，此識不是從前有而來於此，卻由屬於過去有的諸因而生起。正如回聲、燈光、印章、映像等法的譬喻。即如回聲、燈光、印章、影等是由於聲等之音，不移於他處，此心亦然。」（葉均譯，正覺學會印行，頁 574）

觀察「見解」

　　此章探討的「見解」，是有人詢問佛陀關於人的過去世與未來世，以及世界等問題的看法（參見 S II.25–27）[1]。以正統佛教的觀點而言，這些都是無解的問題，因為它們都包含錯誤的假設。也因為這些問題是無解的，所以，對於一個問題的四種可能解答，皆不應證實為真。（參見【25.17–18】有關「無記問題」的討論。）龍樹在此章說明他自己對這些問題的駁斥，其中大部分內容至少對許多阿毘達磨師而言，是完全可接受的。直到此章結尾才明確提及空性論，我們或許可以視之為一種暗示，意謂龍樹真正的目的是，顯示中觀派思想代表正統佛法的延伸。本章的論證概述如下：

【27.1-2】對於現在之人與過去、未來之人的關係，相關的諸見解
　　　　　取決於過去世與未來世的實有。

【27.3-13】考察有關現在之人與過去之人關係的種種見解。

　　　　【27.3-8】破斥現在之人存在於過去的可能性。

　　　　【27.9-12】破斥現在之人不存在於過去的可能性。

　　　　【27.13】小結：現在之人存在於過去、不存在於過去等

等說法，皆不可能成立。

【27.14-18】考察有關現在之人與未來之人關係的種種見解。

　　【27.15】破斥現在之人與未來之人同一的可能性。

　　【27.16】破斥現在之人與未來之人相異的可能性。

　　【27.17】破斥現在之人與未來之人既同一且相異的可
　　　　　　能性。

　　【27.18】破斥現在之人與未來之人既非同一，亦非相
　　　　　　異的可能性。

【27.19-28】考察有關輪迴之始終的種種見解。

　　【27.19-20】破斥輪迴有起點、輪迴無起點等可能性。

　　【27.21-24】破斥輪迴有終點、輪迴無終點等可能性。

　　【27.25-27】破斥輪迴既有終點且無終點的可能性。

　　【27.28】破斥輪迴既非有終點，亦非無終點的可能性。

【27.29】「諸法皆空」代表對一切見解的駁斥。

【27.30】禮敬佛陀瞿曇。

【27.1】

　　「我存在於過去」、

　　「我過去不存在」、

　　「世界是恆常」等，

　　這些見解皆依賴於過去世。

　　　【27.1】探究與過去有關的問題。頌文中的「等」意指「四句
分別」中的第三、四項，例如「我過去既存在且不存在」，以及「我

314

過去既非存在，亦非不存在」。關於此「我」的這些見解皆預設過去某一法的存在，過去此法可能和現在的「我」同一、相異、既同一且相異，或既非同一亦非相異。

【27.2】

「我未來不會以另一人的身分存在嗎？」
「我未來會存在嗎？」
「世界有盡」等，
這些見解皆依賴於未來世。

【27.2】考察與未來有關的問題。這些問題也同樣基於一項假設，亦即未來有某個實體（「我」）存在，此未來實體可能和現前存在的實體同一、相異、既同一且相異，或既非同一亦非相異。將所有見解如此分類之後，龍樹接著先考察關於過去世的種種見解（【27.3-13】），然後在【27.4-18】探討有關未來世的見解。

【27.3】

「我存在於過去」，
這種說法並不能成立。
因為任何存在於前世之人
並非現世的此人。

關於「我」與過去的四種可能見解，都懷有其中第一種見解——「我存在於過去世」。即認為現前存在之「我」，存在於先前的其他生中。因此，舉例而言，現在生而為人，可能前生是地獄道的眾生。但是【27.3】表示，此見解不可能成立，理由如以下諸頌的顯示。

【27.4】

　　如果「彼即是我本身」的說法成立，

　　〔則「取」無異於取者──「我」〕；

　　然而，「取」是相異的。

　　另一方面，你的自我如何可能全然異於「取」？

　　關於「取」，參見【3.7】、【10.15】和【26.6–7】。根據月稱的說法，【27.4ab】的論證如下：如果現在世的「我」與過去世之眾生是同一的，則「取」的行動和執行此行動的取者即是同一的，這說法很荒謬，因為動作者和行動是相異的。【27.4】的「取」，依照十二因緣公式的解讀是導致現在世的過去世諸項因緣，而「取者」則是現在世的眾生，此眾生源於過去世諸因緣，並且接著引起未來的「生」、「老」、「死」。簡言之，【27.4】論證：認為我過去世存在，即是推測現在世的「我」既是結果，也同時是此結果的製造者。

　　這導致一個難題：離開「取」的行動，就別無身為取者的「我」。身為取者的「我」，其本質即是投入「取」的行動。雖然可以見到這樣的行動，但造作這些行動的作者卻無法被察知，但是此處需要的是作者，而不是作者造作的行動。在此展現的論證，是龍樹在其他章節裡曾運用的「不一不異」論證類型的一個實例。

【27.5】

　　既已認可此「我」，

　　絕非全然異於「取」，

　　則此「我」即是「取」。

　　如此一來，就沒有你所謂的「我」存在。

倘若論敵勉強讓步，承認異於身心諸蘊的「我」不可得，反而主張取著的「我」正是身心諸蘊，則有下一頌陳述的新難題。

【27.6】

此「我」與「取」並非同一，

因為彼「取」生生滅滅。

既然是「取」，

又如何能成為取者？

企圖將身為取者之「我」化約為「取」（亦即身心諸蘊），則衍生以下難題：取蘊本是無常的，而「我」勢必常存。因此，取者和取蘊擁有互不相容的特性，是故不可能是同一的。此外，這也會導致作者等同於行動對象的荒謬結果，如同火和柴薪、刀和需要刀切之物、陶工和陶瓶等例子所示。

【27.7】

再者，有異於「取」的「我」，

這種說法根本不可能成立。

如果兩者相異，則無「取」亦可得「我」，

但「我」實則不可得。

取者和取蘊相異也意味身為取者的「我」，可以完全不依賴諸蘊而存在，如同陶瓶異於布，在沒有任何布存在的情況下亦可存在。但是除了一切「取」的行動之外，不可能有任何一法是取者，沒有被取著的諸蘊，也不可能有種種「取」的行動。因此，有相異的取者不可理解。

【27.8】

因此，「我」並非與「取」相異，

也並非與「取」同一，

如果無「取」，則絕無「我」，

亦不可斷言「我」不存在。

【27.8】總結【27.3-7】的論證，反駁「我存在於過去」之見。此頌結尾出現另一個值得注意的要點：我們也不應該下結論，認為過去和現在皆無「我」存在。月稱解釋，此「我」據稱因為依賴身心諸蘊而被概念化，是故與石女之子（即不孕婦女之子）的情況不同，因為石女之子根本不存在，而且也不會依於任何身心諸蘊而形成概念。我們可以說石女之子不存在，卻無法將相同說法套用於此「我」。月稱又說，由於這個主題他在《入中論》（*Madhyamkāvatāra*）已廣泛討論，在此不重複贅述（參見 MA 6.120–65）。

應該注意的是，這是否定「無我」，不是肯定現存的「我」。此外，「無我」的否定在佛法中有先例可循。佛陀至少有一次表達關切之情，憂心有人並未充分理解他的教法，而以為「沒有自我」的陳述代表人死必然壞滅（也因此不再為「業」的善惡果報負責。參見 S IV.400–401）[2]。此斷滅見不被視為錯誤，理由是「我」確實存在；但因為此見解的確預設「我」不是恆常的，所以是錯誤的。據說佛陀正是為了避免公開支持此見解，所以，那一次並未接受「沒有自我」之說。也正是如此考量，使得阿毗達磨部派堅持人在世俗上是實有的：取著且因此認同身心諸蘊之因果相續中的過去與未來，（在一定程度上）可能有所助益。

【27.9】

「我過去不存在」，

這種說法不能成立，

因為現在的此人

並不異於任何生存於前世者。

【27.10】

因為如果現在的「我」確實異於過去，

則即使否認過去，此「我」依然存在。

過去之人亦一如以往持續存在，

抑或先前不死而生於此。

　　如果現在的眾生和過去的眾生不是同一人，則現在的眾生不可能以過去的眾生為因而生，尤其是不可能因為過去眾生之滅而出生。月稱舉「布滅瓶生」為例來說明：由於瓶與布完全不同，瓶的生起不可能以布的壞滅為因緣。但是這進而暗示過去之「我」應該持續存在。另一個可能代表的含意是一個人不必先死而後能生。對於接受無始以來生死輪迴之見者來說，這是很荒謬的。

【27.11】

那麼，會有〔過去之我〕滅而後諸業行〔之果〕壞失，

則一人所作業〔之果〕，

將由另一人受報。

諸如此類的結果，將隨之而生。

　　出生者和先前已死者不是同一人的推測是荒謬的，這是因為根據業因果報的法則，一個人受生的情況是往昔所造諸業的結果。如果一個人的誕生不是輪迴再生，則此人投生之善趣或惡趣，便不可能被解釋為其往昔諸業的果報。如此一來，人的遭遇不可能是理所應得的果報，受生的不平等會變成一種顯而易見的不公平，結果接

受「業」理論的人，就會看不出有任何理由需要行善去惡，因為承受我今生造業之苦樂等果報者，不會是我自己。

【27.12】

> 它也不是先消失而後出現，
> 因為這導致有過失的結論：
> 「我」因此如果不是被造作而生，
> 那麼，即是無因而生。

說「我」從先前的不存在而後出現或開始存在，即是說「我」是一種產物或結果。但是產物需要有實際的製造者或產生者，如果「我」先前不存在，則難以理解究竟是什麼產生此「我」；相反地，倘若有人否認此「我」是被造作產生的，卻仍然堅持「我」先前不存在，這等於是說此「我」完全不假造作，自然形成，沒有任何起因。然而，如眾所周知的，這種完全不可測性從來就不曾存在。

【27.13】

> 因此，過去的「我」
> 不存在、存在、
> 兩者皆是、兩者皆非，
> 這些見解皆不能成立。

【27.13】完成了現在之人與過去關係的考察。到目前為止，只探討前兩項輔助定理——過去的「我」存在，以及過去的「我」不存在，尚未討論第三、四項的輔助定理。不過，根據月稱的注釋，既然前兩項已被排除，第三項也同樣必須被駁回，因為那是兩個已駁回論題的合併。由於第三項輔助定理應被駁回，第四項亦應駁回，

因為那正是第三項的否定（參見【25.14】的評注）。

接著，考察關於現在此人與未來之關係的種種見解。

【27.14】

「未來的我會存在嗎？」
「未來我不會存在嗎？」
這些見解，
皆正如過去世〔的情況〕。

關於現在之人與未來者之間關係的四項輔助定理，一如關於過去世的四句，同樣受到「同一」與「相異」邏輯的約束，因此亦應如上被駁回。

【27.15】

「此天人與彼人是同一人」，
若果真如此，則應有恆常論，
天人亦是無因生，
因為恆常者是不生的。

關於「恆常論」一詞的使用，參見【17.10】的評注。【27.15】以人道眾生為例，此人今生造作上品善行，來生將往生天道，成為天人。根據「彼未來天人即是我」的假設，必定有「我」從一期生命持續存在到下一期生命，因此，「我」是恆常的。既然佛陀說恆常論根本是顛倒見，那麼，「現在之人與未來者同一」的見解就必須駁回。再者，若此人是恆常的，此恆常性將導致天人不先受生也會存在的荒謬結論。（此說之所以荒謬，是因為既然天道眾生仍在生死輪迴之中，必然受生，雖說天人壽命極長，生活極為安樂，卻

依然投胎而生，壽命也終有止盡之時。）受生即是開始存在，但恆常之實體絕不會開始存在。

　　此處的根本難題是，如果現在的此人和未來的天人皆被視為「我」，則兩者似乎是同一的，但是人與天人似乎是完全相異的眾生，例如，兩者皆在特定的時間開始存在，亦即各有誕生的時刻，此例中的人和天人誕生時間不同。唯一的解決方法是說現在的此人和未來的天人共有一個單獨的「我」，而此「我」是恆常的，所以，能夠從這一世跨越到另一世。然而如此一來，那未來的天人若非與恆常的「我」是同一的，即是與之相異。若兩者是同一的，我們必得說天人不受生，但此說甚為荒謬；若兩者是相異的，則「我」就不會是那個天人，因此，「我的善行會導致我往生為天人」這樣的說法，是虛妄不實的。

【27.16】

　　如果認為現在的人異於未來的天人，
　　則會導致無常論。
　　如果認為現在的人異於未來的天人，
　　則根本不可能有相續。

　　如果我們承認現在的人道眾生和未來的天人是相異的實體，則此人即是無常的——不屬於可從這一世跨越至另一世之法。或許有人認為人與天人代表同一相續的不同階段，但是人與天人的差異，讓人難以解釋這兩者何以能構成此一相續。因為現前存在的一團陶土和未來的一塊布也同樣不同，但是人們不會認為它們構成連續不斷的序列。有人可能訴諸現在之人與未來天人的例子中可能存在的因果關係，藉此試圖解釋人和天人，以及陶土和布兩個例子之間的差別。然而，經過第一章和第二十章的考察，結果證明因果關係不

能說存在於據說是勝義真實的實體之間，因此，排除一切如是訴諸因果關係之舉。

【27.17】

> 如果有一部分是天人，
> 有一部分是人，
> 則此人既是無常的，亦是恆常的，
> 但這種說法是不正確的。

「人與天人同一」的論點導致恆常論，而兩者相異的論點則導致斷滅論（或無常論）。既然這兩種論點皆已被駁斥，此時，我們轉而考量「人與天人既同一且相異」的論點。有關某個問題的「四句分別」，龍樹很少明確考察其中第三項輔助定理，【27.17】卻是少數例外之一。此處主張有一實體——人，但現在的人和未來的天人，在時間上具有相異的部分。如此一來，（作為人）的人、天人皆可說是同一的，但是兩者（作為諸眾生的種類）亦可說是相異的。因此，我既是恆常的，亦是無常的：既然未來的天人將會是我，那麼，我便是恆常的；但由於現在的人——現在的我，未來不復存在，所以我將不免於壞滅。

【27.18】

> 如果恆常與無常，
> 兩者之合可獲得認可，
> 那麼，非恆常亦非無常，
> 也因此得以成立。

此例四句中的第四項輔助定理——既非恆常論亦非無常論，取

決於前兩項輔助定理的可理解性。既然這兩項論點必須駁回，則第四項也同樣必須駁回。月稱推斷，既然恆常論和無常論的論點皆不能成立，而且「兩者皆非」的論點即是對兩者選言命題的否認，在根本沒有對象可否定的情況下，第四項論點因此不能成立。（參見【25.14】的評注。）

【27.19】

> 如果某人既已從某處至此，
> 且隨後亦將前往他方，某人因而應該存在。
> 那麼，生死輪迴應無有起始，
> 然而，此〔人〕並不存在。

　　通常佛教徒說生死輪迴是無始的，此論點的先決條件是某一世某一生趣的一個眾生（例如人或天人），可能從前世投生於此生中，而且將於此生結束時再投生於另一生趣（直到此人證得解脫為止）。然而，根本沒有這樣的眾生，因此不可能斷言輪迴無起始。根據月稱的解釋，無論此眾生被視為是恆常的或無常的，這一點皆成立。如果它是恆常的，則不可能受制於從這一世往生另一世中發生的變化；如果是無常的，則不能說它從這一世趣入下一世，因為其無常性代表它在一期生命結束時終止。不過，這也可以看成是先前第九、十、十一章探討種種反駁補特伽羅（人）的論證，所直接導致的結果。

【27.20】

> 如果認為沒有任何事物是恆常的，
> 那麼，何者會是無常？
> 何者既是恆常亦無常？
> 何者與此兩者皆相異？

　　如果根本沒有恆常的眾生，則讓無常論得以成立之法就不存在。輪迴再生的主體（亦即經歷再生過程的實體）勢必恆存，而如果再生欠缺主體，則我們無法心存「再生主體轉瞬即逝」的假設。同樣的道理也適用於關於輪迴之「四句分別」的第三、四項輔助定理。

【27.21】

　　　如果此世間是有止盡的，
　　　如何會有另一個世間？
　　　但是，如果此世間是無止盡的，
　　　又如何會有另一個世間？

　　有人詢問佛陀而遭到拒絕回答的一組問題，和世間（loka）是否有止盡或界限有關（參見【22.12】）。梵語「loka」一詞可譯為「世間」，當此詞出現在這組問題的相關經文時，也往往如此翻譯。不過，此詞也有「居住於此世間者」之意，這是「loka」一詞用於上述文脈中的真正意義。【27.21】的問題是關於目前某一期生命中的眾生，其存在是否有終點？而兩個可能的答案皆應駁回。根據各家注釋，這是因為事實上有另個一世間存在，亦即有再生。以下【27.22-28】詳細說明這項推論。

【27.22】

　　　諸蘊的相續
　　　猶如燈焰，
　　　所以，有止盡或無止盡
　　　皆是不正確的。

燈焰的譬喻通常用以解釋「我」不存在的情況下人的連續性。（例如可參見 Mil 40）[3] 其概念是每個火焰僅持續一瞬間，但一盞燈可能徹夜通明。（一道火焰剎那生滅，因為那只是一堆白熾氣體粒子，而構成那堆積聚的個別粒子急速冷卻、消散。）燈可能徹夜通明，原因是每道火焰消失時，皆是下一道火焰的起因。因此，我們認為一持續存在的燈火，其實是一連串剎那生滅的燈焰。

【27.23】

　　　如果過去諸蘊已壞滅，
　　　而依賴彼等過去諸蘊的
　　　此等諸蘊亦不會生起，
　　　則此世間有止盡。

　　輪迴再生如同燈火之光，需要一組身心諸蘊的止息，但也造成另一組身心諸蘊生起。說此世間（即此人）有止盡，即是說此因果相續被截斷。正如一道火焰由於燃油耗盡而熄滅之時，沒有繼而生起的火焰，倘若先前一組身心諸蘊逐漸消失，而不能產生隨後一組身心諸蘊，則此人有止盡。然而，在此情況下根本沒有再生，因為再生正是諸蘊因果相續不斷。

【27.24】

　　　如果過去諸蘊不壞滅，
　　　而依賴彼等過去諸蘊的
　　　此等諸蘊不生起，
　　　則此世間無止盡。

　　說世間（即此人）無止盡，即是說構成現前此人的諸蘊不消失。

如此一來，此諸蘊不可能引起相續中繼起之諸蘊，因此也同樣不會有再生。所以，例如，構成一人道眾生的諸蘊不可能導致構成下一世天人的諸蘊。

【27.25】

> 如果世間一部分有止盡，
> 而另一部分無止盡，
> 則此世間既有止盡亦無止盡，
> 但這是不正確的。

如果此人有一部分確實終止，而另一部分無止盡地持續存在，則第三項輔助定理——此世間（即此人）既有止盡亦無止盡，或許可能被認為可以成立。例如認為再生涉及此身心集合體或有情眾生的「我」轉世投生，而其他諸蘊壞滅之人，即持此見解。這種見解的難題將於【27.26-28】詳細說明，不過《無畏論》預先指出，如果依此見解，則此眾生即有雙重的自性。

【27.26】

> 取者如何會
> 一部分壞滅，
> 而另一部分不壞滅？
> 這是不正確的。

在此所謂的「取者」，意指今生諸蘊的聚合，此諸蘊聚合引起來生的諸蘊。依照目前討論的假設，此諸蘊中有些壞滅，而其餘諸蘊延續至來生。以人再生為天人的情況而言，這可能意謂取者的人性部分壞滅，而天人之性的部分不壞滅。但是這也表示此人已有天

人之性，而這是荒謬的。將現在的眾生稱之為「人」，正是說此眾生具有人性，而人性與天人之性相去甚遠。

【27.27】

> 「取」如何會
> 一部分壞滅，
> 而另一部分不壞滅？
> 這同樣是不可能的。

在此所謂的「取」，意指來生的諸蘊聚合，此聚合依賴先前稱為「取者」的諸蘊聚合而生起。類似【27.26】的推論顯示此說的荒謬。

【27.28】

> 如果有止盡與無止盡
> 兩者之合可獲得認可，
> 那麼，既非有止盡亦非無止盡，
> 也應如是得以成立。

第四項輔助定理的可理解性，取決於第一、二項的可理解性，因為據稱第四項是前兩項選言命題的否定。因此，如果第三項被駁回，第四項必定亦遭駁回。【27.28】相當於【27.18】。

【27.29】

> 因此，既然一切現存事物皆是「空」的，
> 恆常論等諸見將出現於何處？
> 對於何人而出現？其中何種見解會出現？
> 又因何而出現？

　　由於諸法皆空，所以，在勝義上不可能有諸如恆常論等見解生起之處，亦不可能有此諸見生起之時。沒有任何眾生可能心存這些見解，而且堅信不移。既然此等見解本身不存在，也就沒有任何見解可堅信，也沒有任何一法可作為堅信此諸見解的理由。

【27.30】

　　為了斷離一切見，
　　瞿曇教授正法，
　　彼以悲心而宣說，
　　於彼我致恭敬禮。

　　最後的【27.30】呼應這部論書一開始「皈敬偈」的思想。「皈敬偈」中說佛陀的核心教義緣起說，應該透過「八不」（八項否定）來理解：現存事物既不滅亦不生起，既非恆常亦非斷滅，既非同一亦非眾多，也無運動或經歷任何變化。這些否定據稱皆是為了讓我們解脫環繞緣起教理而滋長的種種戲論。月稱在此指出，所謂「正法」，即是佛陀的「緣起」教理。不過，「皈敬偈」中說障礙解脫的是關於緣起的戲論，而【27.30】的「諸見」包括關於諸法勝義實相的一切理論，因此，「八不」的否定範圍顯然已經大幅擴展，超越阿毘達磨師可接受的限度。

　　然而，我們已經在此期間認識了以下若干要點。首先，我們經歷了許多不同的論證，這些論證旨在破斥關於勝義真實性的種種理論，在其中每一項論證中，受抨擊之理論的關鍵假設皆是具有自性之諸法的存在。其次，我們認識到（【18.5】）空性論的目的，在於止息對一切可能被認為是勝義實有法的戲論。最後，我們得知（【24.18】）緣起必然涉及空性。因此，現在似乎應該仿效佛陀處理無記問題的模式，以理解空性論。

如此處理，或許在另一方面來說也是恰當的。《中論》不只一次提到（例如【13.8】）空性本身亦是「空」的，空性不應該被認為是勝義諦的正確說明。若依此看待【27.29】，則可看出【27.30】的論證對於空性論本身和其他任何形上學理論，皆一體適用。不過，當它說論敵對於某一主題的見解皆虛妄不實時，我們很容易忍不住想要將任何用以破斥這些見解的概念，視為取代這些錯誤理論的正確觀念。龍樹在此章費盡心力，只是想證明佛陀如何成功地駁斥論敵關於自我、眾生和安樂的一切見解，而不為這些問題安立他自己的觀點。佛陀援引緣起以為中道的策略，只不過是駁回所有可能合乎邏輯之見的共同假設，而藉此駁斥此諸見解的一套步驟。此一策略或許可以幫助我們避免將空性變成另一項形上學理論，如此一來，中觀派才是名符其實的「中道學派」（Middle Path School）。

---

[1]《相應部・因緣相應》第二十經（S II. 25-27）：「諸比丘！聖弟子對此緣起及緣生之法，以正慧如實善見故，彼憶起宿世，即：『我於過去世有耶？我於過去世無耶？何故於過去世有耶？於過去如何有耶？於過去世如何有耶？如何而有耶？』〔彼聖弟子，〕馳思未來，即：『我於未來世有耶？我於未來世無耶？何故於未來世有耶？如何於未來世有耶？我於未來世有？如何而有之耶？』〔又聖弟子，〕於今之現世就已有惑。即：『有我耶？無我耶？何故有我耶？如何有我耶？此眾生來自何處耶？彼將赴何處耶？』不知其理。所以者何？諸比丘！聖弟子如實對此緣起及此等緣生之法，以正慧善見故。」（《漢譯南傳大藏經》，相應部經典二，頁 30-31）

[2]《相應部・無記說相應》第十經（S IV. 400-401）：「時，婆蹉姓之普行沙門，來至世尊住處，……白世尊曰：『尊瞿曇！我是有者如何？』作如是言時，世尊默然。『然則，尊瞿曇！我是無者如何？』世尊再次默然。……時，婆蹉姓普行沙門離去未久，尊者阿難白世尊曰：『大德！何故世尊對婆蹉姓普行沙門之質問，不予回答耶？』『阿難！余若對婆蹉姓普行沙門之問：「我是有耶？」答為「我是有」者，阿難！此則與常住論者之彼沙門婆羅門等相同。然而，阿難！又余若對婆蹉姓普行沙門之問：「我是無耶？」答為「我是無」者，阿難！此則與斷滅論者之彼沙門婆羅門等相同。阿難！余若對婆蹉姓普行沙門之問：「我是有耶？」答為「我是有」者，則順應余以智慧所發現之「一切法是無我」否？』『大德！不然。』『阿難！余若對婆蹉姓普行沙門之問：「我是無耶？」答為：「我是無」者，阿難！此愚昧之婆蹉姓以「先前余非有我耶？其我如今則無。」則更增迷卻。」（同上，相應部經典五，頁 109-110）

[3]《彌蘭王問經》：「王言：『尊者那先！再生者〔與死滅者〕是同耶？是異耶？』長老言：『非同，非異。』……『尊者！請譬喻之。』『大王！譬如某人點燈火，其終夜燃耶？』『尊者！然，終夜應燃。』『大王！初更之焰與中更之焰是同一耶？又中更之焰與後更之焰是同一耶？』『尊者！不然。』『大王！初更之燈火與中更之燈火是別異耶？中更之燈火與後更之燈火是別異耶？』『尊者！不然。依止同一〔燈火〕，燈光乃終夜而燃。』『大王！如是法之相續是繼續。生者與滅者雖是別異，非前非後而繼續，如是為不同不異，至於最後之識所攝。』」（同上，彌蘭王問經一，頁 64-66）

參考書目

◉ 第一手資料

A   Aṅguttara Nikāya. In R. Morris and E. Hardy, eds. 1885-1900. The *Aṅguttara Nikāya*. 5 vols. London: Pali Text Society. Reprint 1976-79. English trans. by Bhikkhu Bodhi. 2012. *The Numerical Discourses of the Buddha*. Boston: Wisdom Publications.

AKB   *Abhidharmakośabhāṣyam of Vasubandhu*. Prahlad Pradhan, ed. 1975. Patna: Jayaswal Research Institute.

As   Atthasālinī. In E. Müller, ed., 1897. *Atthasālinī: Buddhaghosa's Commentary on the Dhammasaṅgaṇi*. London: Pali Text Society.

CŚ   *Catuḥśataka* of Āryadeva. In K. Lang, ed. and trans. 1986. *Āryadeva's Catuḥśataka: On the Bodhisattva's Cultivation of Merit and Knowledge*. Indiske Studier 7. Copenhagen: Akademisk Forlag.

D   Dīgha Nikāya. In T. W. Rhys Davids and J. E. Carpenter, eds. 1889-1910. *The Dīgha Nikāya*. 3 vols. London: Pali Text Society. Reprint 1983-92. English trans. by Maurice Walshe. 1987. *The Long Discourses of the Buddha*. Boston: Wisdom Publications.

M   Majjhima Nikāya. In Trenckner and Chalmers, eds. 1888-99. *The Majjhima Nikāya*. 3 vols. London: Pali Text Society. Reprint 1977-79. English trans. by Bhikkhu Ñāṇamoli and Bhikkhu Bodhi. 1995. *The Middle Length Discourses of the Buddha*. Boston: Wisdom Publications.

MA   *Madhyamakāvatāra* of Candrakīrti. In L. de la Vallée Poussin, ed., 1912. *Madhyamakāvatāra par Candrakīrti*. St. Petersburg: l'Académie imperial des sciences. English trans. by C. W. Huntington Jr. 1989. *The Emptiness of Emptiness*. Honolulu: University of Hawai'i Press.

Mil   *Milindapanho*. In V. Trenckner, ed. 1928. *The Milindapanho*. London: Pali Text Society. Reprint 1962. English trans. by T. W. Rhys Davids. 1890-94. *The Questions of King Milinda*. Oxford: Oxford University Press. Reprint 1965.

MMK   *Mūlamadhyamakakārikā* of Nāgārjuna. Editions of MMK consulted:

    Y   Ye Shaoyong. 2011. *Zhunglunsong: Fanzanghan Hejiao, Daodu, Yizhu*（《中論頌》：梵藏漢合校・導讀・譯注）〔*Mūlamadhyamakakārikā: New Editions of the Sanskrit, Tibetan and Chinese Versions, with Commentary and a Modern Chinese Translation*〕. Shanghai: Zhongxi Book Company（中西書局）.

    LVP   La Vallée Poussin, Louis de. 1913. *Mūlamadhyamakakārikās(Mādhyamikasūtras) de Nāgārjuna, avec la Prasannapadā Commentaire de Candrakīrti*. Bibliotheca Buddhica 4, 1st ed. St. Petersburg: Academie Impériale des Sciences. Reprint Osnabrück: Biblio Verlag, 1970.

    P   Pandeya, Raghunath, ed. 1988. *The Madhyamakaśāstram of Nāgārjuna*, with the Commentaries *Akutobhayā* by Nāgārjuna, *Madhyamakavṛtti* by Buddhapālita, *Prajñāpradīpavṛtti* by Bhāvaviveka, and *Prasannapadā* by Candrakīrti. Delhi: Motilal Banarsidass.

de Jong, J. W. 1977. *Nāgārjuna Mūlamadhyamakakārikāḥ*. The Adyar Library Series Vol. 109. Chennai: The Theosophical Society. Reprint revised by Chr. Lindtner, 2004.

PP   *Prasannapadā* of Candrakīrti, in LVP.

S   Saṃyutta Nikāya. In L. Feer, ed. 1884-98. *The Saṃyutta Nikāya*. 5 vols. London: Pali Text Society. Reprint 1975-2006. English trans. by Bhikkhu Bodhi. 2000. *The Connected Discourses of the Buddha*. Boston: Wisdom Publications.

Sn   Suttanipāta. In D. Anderson and H. Smith, eds. 1913. *The Suttanipāta*. London: Pali Text Society. Reprint 1990.

SNS   *Sāmmitīya Nikāya Śāstra*. In R. Venkataraman, trans. 1953. *"Sāmmitīya Nikāya Śāstra," Viśvabhārati Annals* V: 165-242.

Vism   *Visuddhimagga*. In C. A. F. Rhys Davids, ed. 1920-21. *Visuddhimagga of Buddhaghosa*. London: Pali Text Society.

VV   *Vigrahavyāvartanī* of Nāgārjuna. In P. L. Vaidya, ed. 1960. *Madhyamakaśāstra of Nāgārjuna (Mūlamadhyamakakārikās) with the Commentary: Prasannapadā by Candrakīrti*. Dharbanga: Mithila Institute.

⦿ 延伸閱讀

Arnold, Dan. 2005. *Buddhists, Brahmins, and Belief: Epistemology in South Asian Philosophy of Religion*. New York: Columbia University Press.

Burton, David. 1999. *Emptiness Appraised: A Critical Study of Nāgārjuna's Philosophy*. Richmond: Curzon.

Garfield, Jay L. 1990. "Epoche and Śūnyatā: Skepticism East and West." *Philosophy East and West* 40 (3): 285-307.

Hayes, Richard. 1994. "Nāgārjuna's Appeal." *Journal of Indian Philosophy* 22: 299-378.

Katsura, Shōryū. 2000a. "Nāgārjuna and the Tetralemma (catuṣkoṭi)." In *Wisdom, Compassion, and the Search for Understanding, The Buddhist Studies Legacy of Gadjin M. Nagao*, edited by Jonathan Silk, pp. 201-20. Honolulu: University of Hawai'i Press.

———. 2000b. "Nāgārjuna and the Trilemma or *traikālyāsiddhi*." In *Studia Indologiczne*, vol. 7, *On the Understanding of Other Cultures: Proceedings of the International Conference on Sanskrit and Related Studies to Commemorate the Centenary of the Birth of Stanislaw Schayer (1899-1941)*, edited by P. Balcerowicz and M. Mejor, pp. 373-98. Warsaw: Oriental Institute of the University of Warsaw.

Lindtner, Chr. 1982. *Nāgārjuniana: Studies in the Writings and Philosophy of Nāgārjuna*. Copenhagen: Akademisk Forlag.

Nagao, G.M. 1991. *Mādhyamika and Yogācāra: A Study of Mahāyāna Philosophies*. Translated by L. S. Kawamura in collaboration with G.M. Nagao. Albany: State University of New York Press.

Oetke, Claus. 2003. "Some Remarks on Theses and Philosophical Positions in Early Madhyamaka." *Journal of Indian Philosophy* 31 (4): 449-78.

Robinson, Richard H. 1967. *Early Madhyamaka in India and China*. Madison: The University of

Wisconsin Press.

Ruegg, David Seyfort. 1977. "The Uses of the Four Positions of the *Catuṣkoṭi* and the Problem of the Description of Reality in Mahāyāna Buddhism." *Journal of Indian Philosophy* 5: 1-71. Reprinted in David Seyfort Ruegg. 2010. *The Buddhist Philosophy of the Middle: Essays on Indian and Tibetan Madhyamaka*, pp. 37-112. Boston: Wisdom Publications.

———. 1981. *The Literature of the Madhyamaka School of Philosophy in India* (History of Indian Literature, vol. 7, fasc. 1). Wiesbaden: Harassowitz.

Saitō, Akira. 2007. "Is Nāgārjuna a Mādhyamika?" *Hokekyō to Daijōkyōten no Kenkyū* (Studies in the *Saddharmapuṇḍarīka Sūtra* and Mahāyāna Scriptures): 153-64.

———. 2010. "Nāgārjuna's Influence on the Formation of the Early Yogācāra Thought: from the *Mūlamadhyamakakārikā* to the *Bodhisattvabhūmi.*" *Journal of Indian and Buddhist Studies* 58 (3): 1212-18.

Salvini, Mattia. 2011a. "The *Nidānasamyukta* and the *Mūlamadhyamakakārikā*: Understanding the Middle Way through Comparison and Exegesis." *The Thai International Journal of Buddhism* 2: 57-101.

———. 2011b. "*Upādāyaprajñaptiḥ* and the Meaning of Absolutives: Grammar and Syntax in the Interpretation of Madhyamaka." *Journal of Indian Philosophy* 39: 229-44.

Siderits, Mark. 1980. "The Madhyamaka Critique of Epistemology I." *Journal of Indian Philosophy* 8: 307-35.

———. 2000. "Nyāya Realism, Buddhist Critique." In *The Empirical and the Transcendental*, edited by Bina Gupta, pp. 219-31. Boulder, CO: Rowman and Littlefield.

———. 2004. "Causation in Early Madhyamaka." *Journal of Indian Philosophy* 32: 393-419.

Taber, John. 1998. "On Nāgārjuna's So-Called Fallacies: A Comparative Approach." *Indo-Iranian Journal* 41: 213-44.

Tillemans, Tom J. F. 2003. "Metaphysics for Mādhyamikas." In *The Svātantrika-Prāsaṅgika Distinction: What Difference Does a Difference Make?*, edited by Georges Dreyfus and Sara McClintock, pp. 93-123. Boston: Wisdom Publications.

———. 2001. "Trying to Be Fair to Madhyamaka Buddhism." In *Expanding and Merging Horizons. Contributions to South Asian and Cross-Cultural Studies in Commemoration of Wilhelm Halbfass*, edited by Karin Preisendanz, pp. 507-24. Vienna: Österreichische Akademie der Wissenschaften.

———. 2009. "How Do Mādhyamikas Think? Remarks on Jay Garfield, Graham Priest, and Paraconsistent Logic." In *Pointing at the Moon: Buddhism, Logic, Analytic Philosophy*, edited by J. Garfield, M. D'Amato, and T. Tillemans, pp. 83-103. New York: Oxford University Press.

Westerhoff, Jan. 2009. *Nāgārjuna's Madhyamaka. A Philosophical Introduction*. Oxford: Oxford University Press.

———. 2010. "Nāgārjuna." *The Stanford Encyclopedia of Philosophy* (Fall 2010 Edition). Edited by Edward N. Zalta. http://plato.stanford.edu/ archives/fall2010/entries/nagarjuna/.

Williams, Paul. 1980. "Some Aspects of Language and Construction in the Madhyamaka." *Journal of Indian Philosophy* 8: 1-45.

———. 1991. "On the Interpretation of Madhyamaka Thought." *Journal of Indian Philosophy* 19: 191-218.

Wood, Thomas E. 1994. *Nagarjunian Disputations: A Philosophical Journey through an Indian Looking-Glass*. Monographs of the Society for Asian and Comparative Philosophy 11. Honolulu: University of Hawai'i Press.

國家圖書館出版品預行編目(CIP)資料

中觀:解讀龍樹菩薩《中論》27道題 / 桂紹隆(Shōryū Katsura),
馬克·西德里茨(Mark Siderits)編撰. -- 初版. -- 臺北市:橡實文
化出版:大雁出版基地發行, 2015.07
336面; 17 x 22 公分
譯自:Nāgārjuna's Middle Way:Mūlamadhyamakakārik
ISBN 978-986-5623-23-4(平裝)

1.中觀部

222.12   104009215

BA1035

中觀——解讀龍樹菩薩《中論》27 道題

編 撰 者	桂紹隆(Shōryū Katsura)、馬克·西德里茨(Mark Siderits)
譯　　者	方怡蓉
責任編輯	于芝峰
特約編輯	釋見澈、曾惠君
封面設計	黃聖文
內頁構成	舞陽美術·張淑珍
校　　對	曾惠君

發 行 人	蘇拾平
總 編 輯	于芝峰
副總編輯	田哲榮
業務發行	王綬晨、邱紹溢
行銷企劃	陳詩婷
出　　版	橡實文化 ACORN Publishing 臺北市10544松山區復興北路333號11樓之4 電話:02-2718-2001　傳真:02-2719-1308 網址:www.acornbooks.com.tw E-mail信箱:acorn@andbooks.com.tw
發　　行	大雁出版基地 臺北市10544松山區復興北路333號11樓之4 電話:02-2718-2001　傳真:02-2718-1258 讀者傳真服務:02-2718-1258 讀者服務信箱:andbooks@andbooks.com.tw 劃撥帳號:19983379;戶名:大雁文化事業股份有限公司

歡迎光臨大雁出版基地官網
www.andbooks.com.tw
·訂閱電子報並填寫回函卡·

印　　刷	中原造像股份有限公司
初版一刷	2015年 7 月
初版四刷	2023年 2 月
I S B N	978-986-5623-23-4 (平裝)
定　　價	450元

Nāgārjuna's Middle Way: Mūlamadhyamakakārikā
© 2013 by Mark Siderits, Shōryū Katsura. Published
by agreement with Wisdom Publications through
the Chinese Connection Agency, a division of The
Yao Enterprises, LLC. Complex Chinese translation
copyright © 2015 by ACORN Publishing, a division
of AND Publishing Ltd.. All rights reserved.